受験は三省堂

2024 ケータイ
マンション
管理士

学習初日から試験当日ま

友

三省堂

はしがき

　マンション管理士試験は、合格率約8％の難関試験です。この試験の難しさは、知識の量よりもむしろ、その問われ方にあります。覚えた知識がそのまま出題されるのではなく、管理業者やマンション管理士の会話が、適切であるか否かを判別させるという問題などが多く出題されています。そのため、知識を覚えただけでは得点が困難であるのがこの試験の特徴です。しかし、当然のことながら、必要な知識が入っていなければ得点することができません。

　そこで本書は、合格に本当に必要な知識を絞り込み、繰り返し学習できるようにしました。左ページに必要最小限の知識を記載し、右ページにはその知識を踏まえた問題が掲載されています。10分あれば1講は学習できますので、スキマ時間を上手に使って学習できる点も、本書の大きな特長の1つです。持ち運びにも便利なサイズですので、常に「ケータイ」して学習してください。塵も積もれば山となるように、スキマ時間の積み重ねも、大きな成果につながります。

　管理業務主任者試験とダブル受験するという方は、ぜひ姉妹書である『ケータイ管理業務主任者』を併せてご利用ください。課の構成が似ているので効率的な学習が可能である上、それぞれの試験傾向の違いに合わせて内容の深浅を綿密に調整しています。また、○×問題は9割以上異なっていますので、知識の増強にも打ってつけです。

　本書の刊行にあたり、三省堂六法・法律書編集室の加賀谷雅人氏に多大なご尽力を賜りました。心よりお礼申し上げます。

著者　友　次　正　浩

この本は、左ページに必須知識のまとめ、右ページには実際に出た過去問題と予想問題を○×形式にして登載した、見開き完結型の実践テキストです。

テーマは、合格に必須の最小限に厳選！
1日10テーマなら約2週間で回せる!!

11 管理組合法人(1)

必ず出る! 基礎知識 目標 **6** 分で覚えよう

必須知識を2〜3行の箇条書き方式で！

1 成　立

①管理組合は、区分所有者及び議決権の各4分の3以上の多数による集会の決議で、法人となる旨及びその名称、事務所を定め、法人登記をすることで法人となる。

②管理組合が法人化した場合、名称中に必ず「管理組合法人」という文字を用いなければならない。

③法人登記においては、理事全員（代表理事を定めた場合は代表理事のみ）の氏名・住所が登記事項となる。監事の氏名・住所は、登記事項ではない。

2 管理組合法人の権限

④管理組合法人は、その事務に関し、区分所有者を代理する。

⑤管理組合法人の代理権に加えた制限は、善意の第三者に対抗することができない。

⑥管理組合法人は、規約または集会の決議により、その事務に関し、区分所有者のために、原告または被告となることができる。規約により原告または被告となった場合、遅滞なく区分所有者にその旨を通知しなければならない。

⑦管理組合法人に管理所有という制度はない。

3 財産目録・区分所有者名簿

⑧管理組合法人は、設立時及び毎年1月から3月までの間に財産目録を作成し、常にこれを主たる事務所に備え置かなければならない。

暗記シートで消せる！

⑨管理組合法人は、区分所有者名簿を備え置き、区分所有者の変更があるごとに変更しなければならない。

注意点には傍点！

頭の整理に役立つ小項目主義！

基礎知識の暗記なくして、法律の理解はあり得ません。左ページをサッと読んだら、すぐに右ページの○×問題に取り組んでください。この繰り返しがあなたを合格に導きます。

学習日とそのときの正答数が
4回分書き込める！

1テーマの学習時間は
左右合計10分を目標にしよう！

学習日	月 日	月 日	月 日	月 日
正答数	／6	／6	／6	／6

2編
管理組合法人(1)

● 過去問＋予想問！ 目標**4**分で答えよう ●

対応する左ページの要点番号を明示

過去問を選択肢単位に分解し、覚えやすい○×問題に！

☐☐☐ 区分所有法第3条に規定する区分所有者の団体は、区分所有者及び議決権の各4分の3以上の多数による集会の決議で法人となる旨並びにその名称及び事務所を定めることで<u>直ちに</u>法人となることができる。
[H28-8-1]　　　　　　　　　　　　　☞①答×

☐☐☐ 管理組合が主たる事務所の所在地において登記をすることによって管理組合法人となる場合において、管理組合法人の監事については登記はなされない。
[H30-8-1]　　　　　　　　　　　　　☞③答○

☐☐☐ 管理組合法人の理事は、<u>共用部分についての損害保険契約に基づく保険金額の請求及び受領について</u>管理組合法人を代理する。[H24-8-1]　　　☞④答×

ベースにした過去問の出題年度と問題番号を明示

☐☐☐ 管理組合法人の理事は、規約又は集会の決議により、管理組合法人の事務に関し、区分所有者のために、原告又は被告となることができる。[R3-3-1]
☞⑥答×

☐☐☐ 管理組合法人は、規約に特別の定めがあるときは、共用部分について、区分所有法第27条の管理所有をすることができる。[H20-8-4]　　　☞⑦答×

☐☐☐ 管理組合法人は、財産目録を作成しなければならないが、常にこれを主たる事務所に備え置くことについては義務づけられていない。[H26-3-3]　☞⑧答×

誤りの部分は
下線で明示！

・71・

はしがき

この本の使い方

第1編 民 法 等

第4編　その他法令

第5編　実務・会計

第6編　建築・設備

民　法　等

1 意思表示

1 詐欺・強迫

①詐欺による意思表示は、取り消すことができる。本人の過失は問わない。

②詐欺による取消しは、善意無過失の第三者に対抗できない。

③強迫による意思表示は、取り消すことができる。本人の過失は問わない。

④強迫による取消しは、第三者の善意・悪意を問わず、対抗できる。

2 虚偽表示（仮装譲渡）

⑤虚偽表示による契約は、無効である。

⑥虚偽表示による無効は、善意の第三者に対抗できない。

3 錯　　誤

⑦法律行為の目的や社会通念に照らして重要な錯誤による意思表示は、取り消すことができる。

⑧表意者に重過失がある場合には、取り消すことができない。

⑨動機の錯誤では、原則として取り消すことができない。しかし、その動機が表示された場合には、取り消すことができる。

⑩錯誤による取消しは、善意無過失の第三者に対抗できない。

4 心裡留保

⑪心裡留保による意思表示は、原則として有効である。

⑫心裡留保による意思表示は、相手方が悪意または善意有過失であった場合には、無効となる。

5 公序良俗に反する契約

⑬公序良俗に反する契約は、無効である。

学習日	月 日	月 日	月 日	月 日
正答数	／4	／4	／4	／4

過去問＋予想問！ 目標 4 分で答えよう

❏❏❏ AがBの詐欺によって本件売買契約をする意思表示をしていた場合であっても、Bの詐欺によって意思表示をしたことについてAに過失があったときは、Aは詐欺を理由として自己の意思表示を取り消すことができない。[R3-12-1] ☞①答×

❏❏❏ AがBの強迫によって本件売買契約をする意思表示をしていた場合であっても、Bの強迫によって意思表示をしたことについてAに過失があったときは、Aは強迫を理由として自己の意思表示を取り消すことができない。[R3-12-3] ☞③答×

❏❏❏ Aは、Bとの間で、甲マンションの1室である202号室をBに売却する旨の売買契約を締結した。Bは、甲マンションの近くに駅が新設されると考えて202号室を購入したが、そのような事実がなかったときは、Bが駅の新設を理由に購入したことがAに表示されていなくても、Bは売買契約を取り消すことができる。[R4-12-3] ☞⑨答×

❏❏❏ 請負契約を締結する際に、Bが、Aの窮迫・軽率・無経験を利用して、相場よりも著しく高額な報酬の支払をAに約束させていた場合には、Aは、公序良俗に違反することを理由として、本件請負契約の無効を主張することができる。[H30-12-4] ☞⑬答○

2 制限行為能力者

1 意思無能力者

①意思無能力者のした契約は、無効である。

2 制限行為能力者

②制限行為能力者が単独でした行為は、取り消すことができる。

③制限行為能力者が行為能力者であると信じさせるために詐術（さじゅつ）を用いた場合には、取り消すことができない。

④制限行為能力を理由とする取消しは、第三者の善意・悪意を問わず対抗できる。

3 未成年者

⑤未成年者とは、18歳未満の者である。

⑥法定代理人の同意を得た行為は、取り消すことができない。

4 成年被後見人

⑦後見開始の審判を請求できるのは、本人・配偶者・4親等内の親族・未成年後見人・未成年後見監督人・保佐人・保佐監督人・補助人・補助監督人・検察官である。

⑧成年被後見人の行為は、成年後見人の同意を得たものであっても、取り消すことができる。

⑨成年被後見人が居住している建物の売買・貸借・抵当権設定契約をする際には、家庭裁判所の許可が必要である。

⑩成年被後見人は、日用品の購入その他日常生活に関する行為を取り消すことができない。

学習日	月　日	月　日	月　日	月　日
正答数	／3	／3	／3	／3

● 過去問＋予想問！ **目標 4 分で答えよう** ●

□□□ 本件請負契約を締結した時にAに意思能力がなかった場合には、Aは、意思能力を欠いていたことを理由として、本件請負契約の無効を主張することができる。[H30-12-1]　　　　　　　　　☞①答○

□□□ 高齢のAは、甲マンションの 201 号室を所有していたところ、アルツハイマー症状が見られるようになり、Bから「このマンションは地震による倒壊の恐れがあり、せいぜい 200 万円の価値しかない」と言われて、代金 200 万円でBに対し売却してしまったが、その 201 号室の売却当時の時価は約 2,000 万円であった。AB間の売買契約の後に、Aの子がAについて家庭裁判所に後見開始の審判の申立てを行い、Aが成年被後見人となったことにより、AB間の売買契約は、その締結時に遡及して無効となる。[H26-13-1]　　　　　　　　　☞②答×

□□□ 甲マンションの一室に一人で住んでいる区分所有者Aは、精神上の障害により事理を弁識する能力を欠く常況にあり、管理費を滞納している。この場合において、甲マンションの管理組合は家庭裁判所にAの後見開始の審判を請求することができる。[H20-13-1]　　　　　　　　　☞⑦答×

3 時 効

1 取得時効

①所有の意思を持って、平穏かつ公然に、物の占有を継続することで、所有権の取得時効が完成する。占有開始時に善意無過失であれば 10 年間、それ以外なら 20 年間で完成する。

2 消滅時効

②権利を行使できることを知った時から 5 年、もしくは権利を行使できる時から 10 年を経過することで、消滅時効が完成する。

③所有権は、消滅時効にかからない。

④期限付債務の場合、期限到来時から消滅時効が進行する。

⑤停止条件付債務の場合、条件が成就した時から消滅時効が進行する。

3 時効の更新

⑥請求（例裁判上の請求）をすることにより、まずは時効の完成猶予が生じ、その後に勝訴すれば、時効が更新される。

⑦承認（例一部弁済・支払猶予の申入れ）をすることによって、時効が更新される。

4 時効の援用と放棄

⑧時効の効果は、起算日にさかのぼる。

⑨時効の利益の放棄は、時効の完成前にはできない。

⑩時効成立後に債務者が承認した場合、時効の完成を知らなくても、その後に援用することはできない。

学習日	月　日	月　日	月　日	月　日
正答数	／4	／4	／4	／4

過去問＋
予想問！ **目標 4 分で答えよう**

❏❏❏ 管理費と修繕積立金のいずれも月ごとに支払われる
ものであるが、その債権の消滅時効期間は管理費に
ついては5年、修繕積立金については10年である。
[H24-13-2]　　　　　　　　　　　　　　☞②答×

❏❏❏ 夫Aと妻Bは、甲マンションの301号室の区分所有
権を各2分の1の持分で共有し、同室で生活をして
いるが、管理費及び修繕積立金を滞納している場合、
A及びBが、滞納している管理費及び修繕積立金の
支払を「3か月待ってほしい」と、口頭で管理組合
に告げていたのみでは消滅時効は更新しない。[H24-
13-3]　　　　　　　　　　　　　　　　☞⑦答×

❏❏❏ 甲マンションの入居時に区分所有者全員で管理費等
の滞納が発生したとしても時効を援用しない旨の合
意をしていた場合は、当初の購入者である前区分所
有者Cから201号室の譲渡を受けたBは、Cの滞納
管理費等のうち時効が完成している分につき時効を
援用することができない。[H17-15-3]　☞⑨答×

❏❏❏ 甲マンションの区分所有者Aが、管理組合（管理者
B）に対し、管理費を滞納している場合において、
管理費債権の一部について、すでに消滅時効が完成
しているにもかかわらず、Aが時効完成の事実を知
らないで、Bに対し、滞納額全額を支払う旨の承認
書を差し入れたときは、以後、完成した当該消滅時
効の主張は認められない。[H29-12-2]　☞⑩答○

4 代 理 (1)

1 代　　理

①顕名をしなかった場合、代理人自身が契約したこととなる。ただし、相手方が知っていた場合・知ることができた場合には、有効に本人に帰属する。

②代理人が詐欺・強迫された場合、本人が取り消すことができる。

③代理人が詐欺・強迫をした場合、本人の善意・悪意にかかわらず、相手方は取り消すことができる。

④制限行為能力者も、代理人になることができる。

⑤本人の死亡・代理人の死亡・代理人の破産手続開始決定・代理人の後見開始の審判により、代理権が消滅する。

⑥任意代理の場合、本人の破産手続開始決定でも、代理権は消滅する。

2 自己契約・双方代理

⑦自己契約・双方代理は、原則として無権代理となるが、あらかじめ本人の許諾があれば、有効なものとなる。

3 無権代理

⑧無権代理は、追認すると、契約時にさかのぼって有効となる。

⑨催告は、悪意でもできる。確答がない場合、追認拒絶とみなされる。

⑩相手方が善意の場合、本人が追認するまでの間は、取り消すことができる。

⑪相手方が善意無過失の場合、履行請求や損害賠償請求ができる。

学習日	月　日	月　日	月　日	月　日
正答数	／4	／4	／4	／4

● 過去問＋予想問！ 目標 **4** 分で答えよう ●

❑❑❑ Aが、Bから土地売買の代理権を与えられ、CをだましてBC間の売買契約を締結した場合は、Bが詐欺の事実を知っていたと否とにかかわらず、Cは、Bに対して売買契約を取り消すことができる。［予想問］
☞③答○

❑❑❑ Aは、その子Bを代理人として、その所有するマンションの一室をCに売却することとした。この場合、Bが未成年者であっても、Aは、Bを代理人とすることができる。［H15-13-2］
☞④答○

❑❑❑ Aの所有する不動産について、Bが無断でAの委任状を作成して、Aの代理人と称して、善意無過失の第三者Cに売却した。この場合、Aが追認をすれば、追認した時から新たにAC間の契約がなされたものとみなされる。［予想問］
☞⑧答×

❑❑❑ BがAから代理権を与えられていないにもかかわらず、Aの実印を押捺した委任状を作成し、Aの代理人と称してマンションの一室を第三者Cに売却する契約を締結し、登記も移転した。売買契約後にBに代理権がなかったことを知ったCが、Aに対し「7日以内に追認するかどうかを確答して欲しい」旨の催告をしたが、Aがその契約の内容を判断する能力があるにもかかわらず、その期間内に確答しなかったときは、その契約を追認したものとみなされる。
［R2-12-4］
☞⑨答×

5 代 理 ⑵

1 表見代理

①相手方が善意無過失であり、代理人の死亡や破産などにより代理権が消滅後に締結された契約は、有効となる。

②相手方が善意無過失であり、代理人が本人の与えた代理権の範囲を超えて締結された契約は、有効となる。

③相手方が善意無過失であり、代理権があるかのような外観をもって締結された契約は、有効である。

④表見代理が成立する場合でも、相手方は、無権代理として取消権を行使したり、無権代理人に責任追及したりすることもできる。

2 復 代 理

⑤法定代理人は、いつでも復代理人を選任できる。

⑥任意代理人は、本人の許諾を得た場合、またはやむを得ない事由がある場合に、復代理人を選任できる。

⑦復代理人を選任しても、代理人の代理権は消滅しない。

⑧復代理人の代理権の範囲は、代理人の代理権の範囲を超えることができない。

⑨代理人の代理権が消滅すれば、復代理人の代理権も消滅する。

3 代理と相続

⑩本人が死亡し、無権代理人が単独で相続した場合、その代理行為は有効に成立する。

⑪無権代理人が死亡し、本人が単独で相続した場合、代理行為の追認拒絶が可能だが、無権代理人の責任を免れることはできない。

過去問＋
予想問！ **目標 4 分で答えよう**

❏❏❏ Aは、Bから代理権を与えられていないにもかかわらず、Bの代理人として、Cとの間で、Bの所有する甲マンションの 401 号室をCに売却する旨の売買契約を締結した。表見代理の成立する要件が満たされている場合には、Cは、表見代理の主張をせずに、Aに対し、<u>無権代理人としての責任を追及することができない。</u>［H27-13-1］　　　　☞④答✕

❏❏❏ BがAから代理権を与えられていないにもかかわらず、Aの実印を押捺した委任状を作成し、Aの代理人と称して同室を第三者Cに売却する契約を締結し、登記も移転した。当該売買契約締結後に、Aが死亡し、BがAを単独で相続した場合、売買契約は相続とともに当然有効となる。［R2-12-2］　　☞⑩答○

❏❏❏ Aは、Bから代理権を与えられていないにもかかわらず、Bの代理人として、Cとの間で、Bの所有する甲マンションの 401 号室をCに売却する旨の売買契約を締結した。売買契約の締結後にAが死亡し、BがAの地位を単独で相続した場合には、Bは、Aによる売買契約の締結について、追認を拒絶することができる。［H27-13-3］　　　　☞⑪答○

1 債務不履行

①債務者が債務の本旨に従った履行をしないことを債務不履行という。債務不履行には、履行遅滞・履行不能・不完全履行の3つがある。

2 損害賠償請求

②債務者に帰責事由がある場合、債権者は損害賠償請求を行うことができる。

③損害賠償額をあらかじめ予定しておくことも可能である。

④違約金は、損害賠償の予定と推定される。

3 債務不履行解除

⑤履行遅滞の場合、相当の期間を定めて履行を催告し、履行がない場合に解除が可能となる。

⑥履行不能の場合、催告せず直ちに解除が可能である。

⑦債務不履行に対して、解除と別に損害賠償請求も可能。

4 解除の効果

⑧解除の意思表示は、撤回することができない。

⑨当事者の一方が複数いる場合、契約の解除の意思表示は、その全員からまたはその全員に対してのみできる。

5 金銭債務

⑩金銭債務は、履行不能とはならない。

⑪金銭債務については、実害の証明は不要で、利率の定めがあればそれに従い、利率の定めがない場合、年3%の損害賠償を請求できる。

⑫金銭債務の債務者は、不可抗力をもって抗弁とすることができない。

学習日	月　日	月　日	月　日	月　日
正答数	／3	／3	／3	／3

過去問＋
予想問！ 目標 **4** 分で答えよう

❏❏❏ Aは、その所有する甲マンションの店舗部分（102号室）において喫茶店を経営しており、その内装改修のため、工事業者Bに内装工事を発注した。工事契約で工期の遅延につき特別の合意をしていない場合に、Bの資材の調達の手違いにより内装工事の完成が約定工期より遅れ、喫茶店の開店が遅れたときは、Aは、Bに対して、開店が遅れたことによる営業上の損害につき損害賠償を請求することができる。
[H17-16-3]　　　　　　　　　　　　　　　☞②答○

❏❏❏ AとBとの間で、甲マンション707号室を代金2,000万円でAがBに売却する旨の契約が結ばれた。その後、Bは代金全額をAに支払ったが、Aは履行期を過ぎても同室をBに引き渡していない。Aの責めに帰すべき事由によって707号室の引渡しが遅滞している場合において、Bが履行遅滞を理由として本件売買契約を解除したときには、Bは、Aに対し、707号室の引渡しが遅滞したことによって生じた損害の賠償を請求することができない。[H29-14-3]
☞⑦答×

❏❏❏ 甲マンションの管理規約に遅延損害金の利率を年1％とする定めがある場合、区分所有者Aが令和3年7月末日を支払期限とする管理費を滞納したときは、Aは、令和3年8月1日から支払済みまで年3％の割合による遅延損害金の支払義務を負う。[R3-15-4]
☞③⑪答×

7 売買契約（手付・弁済）

1 手付解除

①手付解除は、相手が履行に着手するまで可能である。

②買主が手付解除をする場合、手付金を放棄すれば解除が可能である。

③売主が手付解除をする場合、手付金の倍額を現実に償還すれば解除が可能である。

④手付解除をした場合、相手方は、別途損害賠償請求をすることができない。

2 弁　　済

⑤債権の受領権者以外の者に弁済をしても、その弁済は、原則として無効である。

⑥弁済者が受領権者としての外観を有する者に善意無過失で弁済をした場合、その弁済は有効である。

⑦債務者以外の者がした弁済も、原則として有効である。

⑧弁済をするにつき正当な利益を有しない第三者は、債務者の意思に反する弁済をすることはできない。

⑨弁済をするにつき正当な利益を有する第三者は、債務者の意思に反する弁済であっても、することができる。

⑩代物弁済をするためには、債権者の承諾が必要である。

⑪弁済をするにつき正当な利益を有する者は、弁済によって債権者に代位する。債権者の承諾は不要である。

⑫弁済をするにつき正当な利益を有しない者も、弁済によって債権者に代位する。ただし、債務者への通知または債務者の承諾が必要である。

学習日	月　日	月　日	月　日	月　日
正答数	／3	／3	／3	／3

◉ **過去問＋予想問！** **目標 4分で答えよう** ◉

❑❑❑ Aが所有する甲マンションの301号室を、AがBに2,000万円で売却する契約を締結した場合、Bが売買契約締結時に解約手付として200万円をAに支払った後、中間金として1,000万円を支払った後でも、Aが契約の履行の着手前であれば、Bは200万円の手付を放棄して売買契約を解除し、中間金1,000万円の返還を請求することができる。[H28-14-1]

☞①②答〇

❑❑❑ Aが所有し、居住する甲マンションの501号室を1,000万円で売り渡す旨の契約をBとの間で締結し、手付金として100万円をBより受領した場合において、Aは、Bが100万円の<u>手付を放棄して契約の解除</u>をしても、Bの解除により100万円を超える損害がAに発生しているときには、Bに対して100万円を超える<u>損害について賠償を請求することができる</u>。ただし、AB間の売買契約には、手付に関する特約はない。[H25-14-3]　　　　　☞④答✕

❑❑❑ Aが所有する甲マンションの201号室を賃料月額20万円としてBに賃貸し、令和4年8月分の賃料をCがAに対して弁済しようとする。AB間の賃貸借契約において、B以外の第三者の賃料支払を禁止又は制限していなかった場合、Cが弁済をするについて正当な利益を有していても、Cの弁済がBの意思に反していることをAが知っていたときは、Aは<u>Cの弁済を拒絶することができる</u>。[R4-14-3]

☞⑨答✕

8 契約不適合

- 必ず出る！基礎知識 目標 **6** 分で覚えよう -

1 売主への責任追及

①引き渡された目的物の種類・品質・数量が契約の内容に適合しないものであるとき、買主は、売主に対して担保責任を追及できる。この場合の担保責任の例としては、目的物の修補・代替物の引渡し・履行の追完・代金減額請求・損害賠償請求・契約の解除などがあげられる。

②売主が買主に移転した権利が契約の内容に適合しないものであるとき、買主は、売主に対して担保責任を追及できる。この場合の担保責任の例としては、履行の追完・代金減額請求・損害賠償請求・契約解除などがあげられる。

③代金減額請求は、原則として、相当の期間を定めて追完をするように催告し、その期間内に追完がない場合のみ行うことができる。

2 期　間

④目的物の種類・品質に対する契約不適合の場合、知った時から1年以内に通知しないときは追及する権利を失う。また、消滅時効により追及する権利を行使できなくなる。

⑤目的物の数量に対する契約不適合及び権利に関する契約不適合の場合、消滅時効により追及する権利を行使できなくなる。

3 担保責任を負わない特約

⑥担保責任を負わない特約も有効だが、知りながら告げなかった場合には、その責任を免れることができない。

学習日	月 日	月 日	月 日	月 日
正答数	／4	／4	／4	／4

過去問＋予想問！ 目標 **4** 分で答えよう

❏❏❏ AとBが甲マンションの売買契約を締結した。Aが
Bに引き渡した甲マンションが、契約通りの眺望が
望めないものであった。その際、BはAに対して代
替物の引渡しを請求することができる。なお、Aに
もBにも契約の不適合についての帰責事由はないも
のとする。［予想問］　　　　　　　☞①②答○

❏❏❏ AとBが甲マンションの売買契約を締結させた。A
がBに引き渡した甲マンションが、契約通りの眺望
が望めないものであった。Bが代金減額請求をする
場合、原則として、売主に対して相当の期間を定め
て追完請求をした後でなければすることができない。
［予想問］　　　　　　　　　　　☞③答○

❏❏❏ Aが、BからB所有の中古建物を購入し引渡しを受
けたが、建物の主要構造部に欠陥があり、当該建物
は契約内容に適合しないものであった。Aが、この
契約不適合を知らないまま契約を締結した場合、契
約締結から1年以内にその旨をBに通知しなければ、
原則として、AはBに対して契約不適合責任を追及
することができなくなる。［予想問］　☞④答×

❏❏❏ 売買契約に、契約不適合責任を負わない旨の特約が
規定されていても、売主が知りながら買主に告げな
かった事実については、売主は契約不適合責任を負
わなければならない。［予想問］　　☞⑥答○

9 物権変動

1 所有権の取得

①不動産に関する所有権の取得は、原則として、登記をしなければ第三者に対抗できない。

②不動産の取得者は、売主には登記なしで対抗可。

③不動産の取得者は、売主の相続人には登記なしで対抗可。

④不動産の取得者は、不法占拠者には登記なしで対抗可。

⑤不動産の取得者は、背信的悪意者には登記なしで対抗可。

⑥不動産の取得者は、無権利者には登記なしで対抗可。

2 二重譲渡

⑦二重譲渡した場合、どちらの契約も有効。ただし、登記がなければ相手方に対抗することはできない。

3 取消し・時効・解除と登記

⑧取消し後の第三者は、登記を備えれば、取消権者に対しても所有権の主張ができる。

⑨時効完成後の第三者は、登記を備えれば、時効完成者に対しても所有権の主張ができる。

⑩解除前の第三者も解除後の第三者も、登記があれば、解除権者に対抗することができる。

4 相続と登記

⑪共同相続の場合、相続人の1人が自己名義で単独所有である旨の登記をし、これを第三者に譲渡した場合、他の共同相続人は、自己の持分について、登記なしで第三者に対抗することができる。

学習日	月 日	月 日	月 日	月 日
正答数	／4	／4	／4	／4

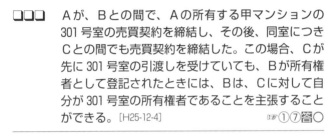

過去問＋予想問! **目標 4 分で答えよう**

❏❏❏ Aが、Bとの間で、Aの所有する甲マンションの301号室の売買契約を締結し、その後、同室につきCとの間でも売買契約を締結した。この場合、Cが先に301号室の引渡しを受けていても、Bが所有権者として登記されたときには、Bは、Cに対して自分が301号室の所有権者であることを主張することができる。[H25-12-4] ☞①⑦答○

❏❏❏ AはBとの間で甲マンション501号室をBに売却する売買契約を締結した。Aが501号室退去後に、居住するための権利を有しないCが同室に居住している場合、AからBへの501号室の区分所有権の移転登記が経由されていないときは、Bは、Cに対して、同室の明渡しを請求できない。[R4-13-1] ☞④答×

❏❏❏ Aが、Bとの間で、Aの所有する甲マンションの301号室の売買契約を締結し、その後、同室につきCとの間でも売買契約を締結した。この場合、AC間の売買契約は無効であり、Cが301号室の所有権を取得することはない。[H25-12-1] ☞⑦答×

❏❏❏ 甲マンション102号室を所有するAは、Bとの間で、同室をBに売却する旨の契約を結んだ。その後、Aは、Cとの間で、同室をCに売却する旨の契約を結んだ。CがBよりも先に代金をAに支払った場合であっても、BがCよりも先にAから同室の引渡しを受けたときは、Bは同室の所有権の移転登記を備えなくても、Cに対し、同室の所有権を取得したことを対抗することができる。[R3-14-1] ☞①⑦答×

10 相 続 (1)

1 相続人と相続分

①配偶者と子が相続人の場合、相続分は、配偶者が2分の1、子が2分の1である。

②配偶者と直系尊属が相続人の場合、相続分は、配偶者が3分の2、直系尊属が3分の1である。

③配偶者と兄弟姉妹が相続人の場合、相続分は、配偶者が4分の3、兄弟姉妹が4分の1である。

2 代襲相続

④子が被相続人の死亡以前に死んでいた場合、欠格者である場合、廃除された場合には、孫が子に代わって相続する。

⑤相続放棄をした場合、代襲相続をすることはできない。

3 相続の承認と放棄

⑥限定承認は、共同相続人の全員が共同してのみすることができる。

⑦相続放棄をした場合、最初から相続人ではなかったこととなる。

⑧承認・放棄は、相続開始を知った時から3か月以内にしなければならない。期間内に承認・放棄をしない場合、単純承認とみなされる。

⑨相続人は、相続の承認または放棄をするまで、その固有財産におけるのと同一の注意をもって、相続財産を管理しなければならない。

学習日	月　日	月　日	月　日	月　日
正答数	／5	／5	／5	／5

過去問＋
予想問！ **目標 4 分で答えよう**

❏❏❏ 甲マンションの 102 号室を所有するＡが死亡し、Ａ
の配偶者がＢ、Ａの子がＣのみ、Ｃの子がＤのみであ
る。ＣがＡより先に死亡していたときは、Ｂ及びＤ
が 102 号室の共同相続人となる。[H29-17-1] ☞④答○

❏❏❏ 甲マンションの 102 号室を所有するＡが死亡し、Ａ
の配偶者がＢ、Ａの子がＣのみ、Ｃの子がＤのみで
ある。Ｃが相続人の欠格事由に該当したときは、Ｂ
及びＤが 102 号室の共同相続人となる。[H29-17-3]
☞④答○

❏❏❏ 甲マンションの 102 号室を所有するＡが死亡し、Ａ
の配偶者がＢ、Ａの子がＣのみ、Ｃの子がＤのみであ
る。Ｃが相続の放棄をしたときは、Ｂ及びＤが 102
号室の共同相続人となる。[H29-17-2] ☞⑤答×

❏❏❏ Ａが多額の債務をかかえたまま死亡し、Ａに子Ｂ及び
子Ｃの相続人がいた場合、Ｂが先に相続の開始を知っ
て３か月内に限定承認又は相続放棄をしなかった場
合には、ＣがＢより後に相続の開始を知ってから３か
月の期間が満了する前であっても、Ｃは相続の放棄を
することができなくなる。[H24-17-2] ☞⑧答×

❏❏❏ 甲マンションの 301 号室を所有するＡが死亡し、Ａ
の妻Ｂ及びＡの子Ｃが相続人である場合、Ｃは相続
人として、その固有財産におけるのと同一の注意を
もって甲マンションの 301 号室を管理する義務を負
うが、相続の承認をしたときは、この限りでない。
[H28-17-4] ☞⑨答○

必ず出る！基礎知識　目標 6 分で覚えよう

1 遺　　言

①遺言は、自筆証書遺言・公正証書遺言・秘密証書遺言など、法律上定められた方式に従って行わなければならない。

②遺言は、満 15 歳以上であれば、単独で行うことができる。

③遺言は、2 人以上の者が同一の証書ですることができない。

④遺言は、いつでも自由に撤回できる。

⑤前の遺言と後の遺言とが抵触する部分については、後の遺言により前の遺言を撤回したものとみなされる。

⑥前にした遺言と異なる処分をした場合、遺言を撤回したものとみなされる。

⑦検認がなくても、遺言書は無効にはならない。

2 遺　留　分

⑧遺留分を侵害する遺言は、有効である。

⑨遺留分は、被相続人の財産の2 分の 1 である。ただし、直系尊属のみが相続人である場合は、被相続人の財産の3 分の 1 である。

⑩兄弟姉妹には、遺留分がない。

⑪相続開始前に遺留分の放棄をするには、家庭裁判所の許可が必要である。

⑫遺留分侵害額の請求は、訴えによらなくてもできる。

学習日	月 日	月 日	月 日	月 日
正答数	／5	／5	／5	／5

過去問＋
予想問！ **目標 4 分で答えよう**

☐☐☐ 15歳に達した者は、未成年であっても、有効に遺言をすることができる。[予想問] ☞②答○

☐☐☐ 甲マンション305号室を所有するAは、「305号室を娘Bに遺贈する」という内容の遺言をした。本件遺言が公正証書によってなされた場合には、本件遺言を撤回することはできない。[H30-17-1] ☞④答×

☐☐☐ 甲マンション305号室を所有するAは、「305号室を娘Bに遺贈する」という内容の遺言をした。Aが本件遺言をした後に、「305号室を息子Cに遺贈する」という内容の遺言をした場合には、本件遺言を撤回したものとみなされる。[H30-17-2] ☞⑤答○

☐☐☐ 甲マンション305号室を所有するAは、「305号室を娘Bに遺贈する」という内容の遺言をした。Aが本件遺言をした後に、305号室を友人Dに贈与した場合には、本件遺言を撤回したものとみなされる。[H30-17-4] ☞⑥答○

☐☐☐ 自筆証書遺言を保管する者が、相続開始後、これを家庭裁判所に提出してその検認を経ることを怠った場合、その遺言の効力は失われる。[予想問]
☞⑦答×

1 抵当権の性質

①賃借権に抵当権を付けることはできない。

②抵当権設定者は、目的物を自由に使用・収益・処分することができる。

③抵当権設定者が通常の利用方法を逸脱し目的物を損傷するような場合、抵当権者は妨害排除請求ができる。

④被担保債権が成立しなければ抵当権は成立せず、被担保債権が消滅すれば抵当権も消滅する。これを付従性という。

⑤被担保債権が移転すると、抵当権も移転する。これを随伴性という。

2 抵当権の効力

⑥土地と建物は別々の不動産であるから、土地に抵当権を設定しても、その効力は土地上の建物に及ばない。

⑦抵当権の効力は、その不動産と一体になったもの(付加一体物)にも及ぶ。

⑧抵当権の効力は、抵当権設定時に存在した従物にも及ぶ。

⑨抵当権の効力は、果実には及ばない。ただし、抵当権の被担保債権について不履行があった場合、その後に生じた果実にも抵当権の効力が及ぶ。

⑩利息については、後順位抵当権者がいる場合、満期の来た最後の2年分についてのみ優先的に弁済を受けることができる。

学習日	月 日	月 日	月 日	月 日
正答数	/5	/5	/5	/5

過去問+予想問! 目標 4 分で答えよう

❏❏❏ Aが所有する甲マンション 201 号室には、AのBに対する債務を担保するためにBの抵当権が設定されている。Bの抵当権が設定された後であっても、Aは、201 号室をEに賃貸し、Eから賃料を収取することができる。[R2-13-3]　　　　　☞②答○

❏❏❏ Aが甲マンションの 101 号室を購入するに際してB銀行から融資を受け、AがBのために同室に抵当権を設定しその登記がなされていた。AのBに対する債務が消滅した場合、Bの抵当権の登記が抹消されていないときでも、Aは、当該抵当権の消滅を第三者に対抗することができる。[H20-14-2]　　☞④答○

❏❏❏ Aが甲マンションの 201 号室の購入に際してB銀行から融資を受け、これにBの抵当権設定登記がなされた場合、Bが抵当権の被担保債権を第三者に譲渡しても、抵当権は、Aが承諾しない限り、当該第三者に移転しない。[H14-13-4]　　　　☞⑤答×

❏❏❏ Aがマンションの購入に際してB銀行から融資を受け、これにBの抵当権を設定した場合、Bの抵当権の効力は、原則として、当該マンションに付加して一体となった造作にも及ぶ。[H13-15-3]　　☞⑦答○

❏❏❏ Aが所有する甲マンション 201 号室には、AのBに対する債務を担保するためにBの抵当権が設定されている。Bの抵当権の効力は、Bの抵当権が設定された当時、既に 201 号室内に存在していた従物に及ぶ。[R2-13-1]　　　　　　　☞⑧答○

13 抵当権(2)

1 物上代位

①抵当権者は、目的物の滅失等に伴って抵当権設定者が受け取るべき金銭に、物上代位をすることができる。

②物上代位をするためには、金銭が抵当権設定者に支払われる前に、抵当権者が差押えをしなければならない。

2 建物賃借人との関係

③抵当権設定後に設定された賃借権は、原則として抵当権者に対抗できない。

④建物の賃貸借の場合、6か月の明渡し猶予期間がある。

3 第三取得者との関係

⑤第三取得者の所有権と抵当権者の抵当権の優劣については、登記の先後で決めることとなる。

⑥抵当不動産の第三取得者は、第三者弁済・抵当権消滅請求・自ら競落をすることができる。

4 法定地上権

⑦抵当権設定時に土地と建物が存在し、その所有者が同一でなければ、法定地上権は成立しない。

⑧法定地上権が成立するには、抵当権の実行によって、土地の建物の所有者が別人になる必要がある。

5 一括競売

⑨更地に抵当権を設定し、その後に建物が築造された場合、土地と建物を一括で競売することができる。

⑩抵当権者が優先的に弁済を受けることができるのは、土地の代金についてのみである。

学習日	月　日	月　日	月　日	月　日
正答数	／3	／3	／3	／3

過去問＋
予想問！ **目標 4 分で答えよう**

□□□　Aが、甲マンションの301号室の購入に際してB銀行から融資を受け、同室にBの抵当権を設定し、その旨の登記がなされた。301号室の一部が火災により損傷し、Aが火災保険金を受け取ることができる場合、Bは、当該火災保険金請求権を差し押さえてこれを行使することができる。[H25-13-2]

☞①答○

□□□　Aは、甲マンション206号室を購入する際にB銀行から購入資金を借り受け、これを担保する目的で同室にBのための抵当権を設定し、その旨の登記がなされた。抵当権設定登記後に、206号室が全焼し、保険会社からAに火災保険金が支払われた。この場合には、Bは、Aに支払われた火災保険金に対して、抵当権に基づく物上代位権を行使することができない。[H29-16-1]

☞②答○

□□□　Aは、甲マンション206号室を購入する際にB銀行から購入資金を借り受け、これを担保する目的で同室にBのための抵当権を設定し、その旨の登記がなされた。抵当権設定登記後に、Aが206号室をEに賃貸し、Eが同室に居住し始めた。その後、Bの抵当権の実行による競売において同室をFが買い受けた場合には、Eは、Fの買受けの時に直ちに同室をFに引き渡さなければならない。[H29-16-4]

☞③④答×

14 保証・連帯債務

必ず出る！基礎知識　目標6分で覚えよう

1 保　　証

①保証契約は、書面（または電磁的記録）でしなければ、その効力を生じない。

②保証契約は、債務者から委託を受けていなくても、また、債務者の意思に反しても、締結することができる。

③主たる債務が成立していなければ、保証債務も成立せず、主たる債務が消滅すれば保証債務も消滅する（付従性）。

④主たる債務が移転すると、保証債務も移転する（随伴性）。

⑤主たる債務者に生じた事由は保証人に及ぶが、保証人に生じた債務は、履行・相殺を除き、主たる債務者には及ばない。

⑥保証債務には、催告の抗弁権・検索の抗弁権がある。

⑦保証債務には、分別の利益がある。

2 連帯保証

⑧連帯保証債務には、催告の抗弁権・検索の抗弁権がない。

⑨連帯保証債務には、分別の利益がない。

⑩主たる債務に生じた事由は連帯保証人に及ぶが、連帯保証人に生じた債務は、履行・相殺・混同・更改を除いて主たる債務者には及ばない。

3 連帯債務

⑪債権者は、連帯債務者全員に対して、同時に全額の支払いを請求することができる。

⑫1人の連帯債務者に生じた事由は、履行・相殺・混同・更改を除き、他の連帯債務者には及ばない。

学習日	月 日	月 日	月 日	月 日
正答数	／4	／4	／4	／4

過去問+
予想問！ 目標 **4** 分で答えよう

❏❏❏ Aは、甲マンション503号室を購入するに当たり、購入資金に充てるための金銭をB銀行から借り受けた。その際、この借入金債務について、Aの姉Cが、Bとの間で、Aと連帯して保証する旨の契約を書面で結んだ。Aの委託を受けないで保証契約を結んだCは、Aの委託がないことを理由に保証契約を取り消すことはできない。[H28-13-1]　　　☞②答○

❏❏❏ Aが甲マンションの101号室を購入するに際してB銀行から融資を受け、AがBのために同室に抵当権を設定しその登記がなされていた場合、AのBに対する債務について連帯保証をしたDの保証債務は、Bから、AのBに対する債務が消滅した旨の通知がDに到着したときに消滅する。[H20-14-3]　☞③答×

❏❏❏ 賃借人Bが賃料の支払を怠り、区分所有者Aから保証債務の履行を請求された連帯保証人Cは、Aに対し、まずBに対して賃料支払の催告をするよう請求することはできない。[R3-16-1]　　　　　☞⑧答○

❏❏❏ Aがその所有する甲マンションの301号室をBに賃貸し、CがBの賃料支払債務について連帯保証した場合に関し、AがCに対して保証債務の履行を請求し、その時効の更新が生じても、AとBが別段の意思表示をしない限り、Bに対する時効更新の効力は生じない。[R3-16-4]　　　　　　　☞⑩答○

15 共 有

1 共有と持分

①各共有者は、共有物の全部について、<u>持分に応じた使用</u>が可能である。

②共有者の１人が持分に基づき占有している場合、他の共有者は、原則として<u>明渡請求</u>ができない。

2 共有物の管理

③保存行為（例不法占拠者への明渡請求）は、各共有者が<u>単独</u>で行うことができる。

④利用行為（例賃貸借契約の解除）は、<u>持分価格の過半数</u>の合意によって行うことができる。

⑤変更行為（例抵当権の設定・共有物の処分）は、<u>全員の合意</u>によって行うことができる。ただし、共有物の形状または効用の著しい変更を伴わない変更行為（軽微変更）は、<u>持分価格の過半数</u>で決める。

3 持分の処分

⑥持分の処分は、各共有者が<u>単独</u>で行うことができる。

⑦共有者が死亡した場合、持分は<u>相続人に相続</u>される。

⑧共有者が死亡して相続人がいない場合、持分は<u>他の共有者</u>に帰属する。

⑨共有者が<u>持分を放棄</u>した場合、持分は他の共有者に帰属する。

4 共有の分割

⑩各共有者は、<u>いつでも</u>共有物の<u>分割</u>を請求できる。

⑪<u>5年</u>を超えない範囲内で、分割しない特約を設定することは可能である。

学習日	月 日	月 日	月 日	月 日
正答数	/ 4	/ 4	/ 4	/ 4

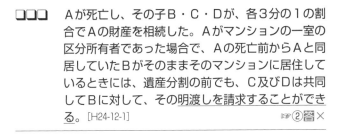

過去問+
予想問！ **目標 4 分で答えよう**

❑❑❑ Aが死亡し、その子B・C・Dが、各3分の1の割
合でAの財産を相続した。Aがマンションの一室の
区分所有者であった場合で、Aの死亡前からAと同
居していたBがそのままそのマンションに居住して
いるときには、遺産分割の前でも、C及びDは共同
してBに対して、その明渡しを請求することができ
る。[H24-12-1]　　　　　　　　　☞②答×

❑❑❑ A、B及びCは、等しい持分の割合で、甲マンショ
ン201号室の区分所有権を共有し、その室をDに賃
貸している場合において、Dとの賃貸借契約を解除
するためには、A、B及びC全員が同意した上で、
共同で解除の意思表示をする必要がある。[H28-12-4]
☞④答×

❑❑❑ 甲マンションの301号室の区分所有者が死亡したの
で、その子A・B・Cが同室の所有権を相続し、そ
れぞれの相続分が3分の1である場合、Aは、その
共有持分を第三者に譲渡するときは、B及びCの同
意を得なければならない。[H16-14-2]　☞⑥答×

❑❑❑ A、B及びCは、等しい持分の割合で、甲マンショ
ン201号室の区分所有権を共有している。Aが201
号室の持分権を放棄した場合には、Aの持分権はB
とCに帰属し、同室はBとCの共有となる。[H28-
12-2]　　　　　　　　　　　　　　☞⑨答○

16 賃貸借(1)

1 賃貸借契約

①賃貸借契約の期間は、最長 50 年である。

②賃貸借契約の期間満了後、賃借人の使用継続に対し、賃貸人が知りながら異議を述べない場合、同一条件で更新したものとみなされる。

③賃貸借契約の対抗要件は、賃借権の登記である。

2 賃貸人・賃借人の権利と義務

④賃貸人は、目的物を使用に適した状態で貸す義務がある。

⑤賃借人には、賃料支払義務と善管注意義務がある。

⑥賃借人が必要費を支出した場合、直ちに賃貸人に償還請求できる。

⑦賃借人が有益費を支出した場合、賃貸借契約終了時に、支出額と増加額のうち賃貸人が選択して償還請求できる。

⑧賃貸人が賃貸物の修繕等をしようとする場合、賃借人は、これを拒むことができない。

3 賃借権の譲渡・転貸

⑨賃借権の譲渡・転貸には、賃貸人の承諾が必要である。

⑩賃借人が無断転貸した場合、賃貸人は原則として契約を解除できるが、背信的行為と認めるに足りない特段の事情がある場合には、解除できない。

⑪賃借人が賃貸人の承諾を得て賃借権の譲渡をした場合、賃貸人は、新賃借人に対してのみ賃料を請求できる。

⑫賃借人が賃貸人の承諾を得て転貸した場合、賃貸人は、賃借人にも転借人にも賃料を請求できる。請求可能額は、賃借料と転借料のうち安いほうである。

学習日	月　日	月　日	月　日	月　日
正答数	／3	／3	／3	／3

過去問＋
予想問！ **目標 4 分で答えよう**

❑❑❑ Aの所有する甲マンションの 301 号室をAから賃借
して居住しているBは、Aの承諾を得て、301 号室
の賃借権をCに譲渡し、301 号室をCに引き渡した。
賃借権の譲渡後、台風による暴風雨の影響で 301 号
室の窓が破損した場合には、Cは、その修繕の請求
をBに対してしなければならず、Aに対してするこ
とはできない。[H26-15-2]　　　　　　☞④答×

❑❑❑ Aがその所有する甲マンションの 101 号室をBに賃
貸した場合、Bが 101 号室を、Aの承諾を得ずにC
に転貸した場合において、Bの転貸がAに対する背
信行為と認めるに足りない特段の事情の存在をBが
主張立証したときは、AはBとの賃貸借契約を解除
できない。[H29-13-1]　　　　　　　　☞⑩答○

❑❑❑ Aの所有する甲マンションの 301 号室をAから賃借
して居住しているBは、Aの承諾を得て、301 号室
の賃借権をCに譲渡し、301 号室をCに引き渡した。
賃借権の譲渡後に発生する賃料について、Aは、C
に対して支払を請求することができるだけでなく、
Cが無資力であるために支払えない場合には、Bに
対しても支払を請求することができる。[H26-15-3]
　　　　　　　　　　　　　　　　　☞⑪答×

17 賃貸借(2)

1 敷　　金

①賃貸借契約に基づき、賃借人が賃貸人に対して負う金銭給付債務（例賃料債務）を担保する目的で、賃借人が賃貸人に交付する金銭を、敷金という。「権利金」「保証金」等の名目・名称を問わない。

②敷金の返還と目的物の明渡しは、同時履行の関係に立たない。目的物の明渡しが先である。

③賃貸人から敷金を家賃に充当する旨を主張することはできるが、賃借人からそれを主張することはできない。

④賃貸人が変わった場合、敷金は、原則として新賃貸人に承継される。

⑤賃借人が変わった場合、敷金は、原則として新賃借人に承継されない。

2 賃貸借の相続

⑥賃貸人が死亡した場合も、賃借人が死亡した場合も、賃貸借の権利は相続される。

3 賃貸借と使用貸借

⑦賃貸借は有償の貸借契約であるのに対して、使用貸借は無償の貸借契約である。

⑧賃貸借では、賃貸人は契約不適合責任を負うが、使用貸借では、賃貸人は原則として契約不適合責任を負わない。

⑨使用貸借では、第三者への対抗力は認められない。

⑩借主が死亡した場合、使用貸借は終了する。貸主が死亡しても、使用貸借は終了しない。

学習日	月　日	月　日	月　日	月　日
正答数	／4	／4	／4	／4

● 過去問＋予想問！ 目標 **4** 分で答えよう ●

❑❑❑ 甲管理組合は、規約共用部分である 101 号室をAに事務所として賃貸していたが、賃貸借期間が満了したので、Aは原状回復のうえ明け渡し、甲は敷金を返還することとなった。明渡し時点で、Aの原状回復に不完全な部分があることが判明した場合、原状回復に要する費用は、損害として、Aに返還すべき敷金から控除される。[H22-12-2]　☞①瘳○

❑❑❑ 甲マンション 707 号室を所有するAは、同室をBに賃貸する旨の契約を結び、同室をBに引き渡すとともに、Bから敷金の交付を受けた。本件賃貸借契約が終了し、AがBに対して 707 号室の明渡しを請求した場合には、Bは、Aに対し、敷金の返還との同時履行を主張して同室の明渡しを拒むことができる。[R2-16-2]　☞②瘳×

❑❑❑ 甲マンション 707 号室を所有するAは、同室をBに賃貸する旨の契約を結び、同室をBに引き渡すとともに、Bから敷金の交付を受けた。Bが賃料の支払を怠っていることから、AがBに対してその賃料の支払を請求した場合には、Bは、Aに対し、敷金をその賃料の弁済に充てることを請求することができる。[R2-16-3]　☞③瘳×

❑❑❑ Aが所有しBに賃貸し、かつ、Bが居住している甲マンションの 301 号室を、AがCに 2,000 万円で売却する契約を締結した場合、AとBの賃貸借契約に基づき、BからAに差し入れられた敷金の返還債務は、Bの同意がなければCに承継されない。[H28-14-2]　☞④瘳×

18 借地借家法⑴

1 期　　間

①借地借家契約では、最長期間の制限はない。

②借地借家契約では、最短期間の制限もないが、1年未満の場合には、期間の定めがないものとみなされる。

③期間の定めのない借地借家契約も可能である。

2 更　　新

④賃貸人からの更新拒絶には、正当事由が必要である。

⑤期間満了の1年前から6か月前までに更新拒絶の通知のない場合、契約は法定更新される。

⑥期間満了後、賃借人が使用を継続し、賃貸人が異議を述べない場合、契約は法定更新される。

⑦法定更新後は、更新前と同一条件で更新されるが、期間は定めのないものとされる。

3 解約申入れ

⑧賃貸人からの解約申入れには、正当事由が必要である。申入れから6か月経過することで、契約が終了する。

⑨賃借人からの解約申入れには、正当事由が不要である。申入れから3か月経過することで、契約が終了する。

4 借地借家法雑則

⑩建物の引渡しが、賃借権の登記と同様の対抗力をもつものとみなされる。

⑪造作買取請求権を認めない特約は、有効である。

⑫債務不履行による解除の場合、造作買取請求権はない。

学習日	月 日	月 日	月 日	月 日
正答数	／4	／4	／4	／4

過去問＋
予想問! **目標4分で答えよう**

□□□ Aが所有する甲マンションの 201 号室をBに賃貸した場合（AB間の契約は定期建物賃貸借でないものとする）、AB間の契約で賃貸期間を 60 年と定めても、賃貸期間は 50 年とされる。[H30-15-3] ☞①答×

□□□ Aが所有する甲マンションの 201 号室をBに賃貸した場合（AB間の契約は定期建物賃貸借でないものとする）、AB間の契約で賃貸期間を 10 か月と定めたときは、Aに借地借家法の定める正当の事由があると認められる場合には、Aは期間満了の前でもBに解約の申入れをすることができる。[H30-15-2]
☞②⑧答○

□□□ Aが所有する甲マンションの 201 号室をBに賃貸した場合（AB間の契約は定期建物賃貸借でないものとする）、AB間の契約で賃貸期間を 2 年と定め、A又はBが、相手方に対し、期間満了の 1 年前から 6 か月前までの間に更新拒絶の通知をしなかったときは、従前と同一の賃貸期間とする契約として更新される。[H30-15-1] ☞⑤⑦答×

□□□ Aが所有する甲マンションの 201 号室をBに賃貸した場合（AB間の契約は定期建物賃貸借でないものとする）、AB間の契約で賃貸期間を定めなかったときは、Aに借地借家法の定める正当の事由があると認められる場合には、Aの解約の申入れにより、解約の申入れの日から 3 か月を経過した日に、契約は終了する。[H30-15-4] ☞⑧答×

1 賃貸借終了と転貸借

①期間満了や解約申入れにより原賃貸借契約が終了した場合、転貸借は、通知から<u>6か月</u>後に終了する。

②<u>合意解除</u>により原賃貸借契約が終了しても、転借人に対抗することはできない。

③<u>賃借人の債務不履行</u>により原賃貸借契約が終了した場合、転借人は賃貸人に対抗できない。賃貸人は、転借人に<u>賃料を支払う機会を与える必要もない</u>。

2 借賃増減請求

④<u>賃料を増額しない特約</u>がある場合、増額請求はできない。

⑤<u>賃料を減額しない特約</u>があっても、減額請求はできる。

3 定期建物賃貸借契約（定期借家）

⑥定期建物賃貸借契約の存続期間は、<u>当事者が合意した期間</u>となる。<u>1</u>年未満とすることもできる。

⑦定期建物賃貸借契約は、<u>公正証書等の書面または電磁的記録</u>でしなければならない。

⑧賃貸人は、賃借人に対し、あらかじめ、契約の更新がなく、期間満了によって賃貸借契約が終了することにつき、その旨を記載した<u>書面を交付して説明</u>する必要がある。

⑨床面積<u>200㎡</u>未満の<u>居住用</u>建物で、やむを得ない事情がある場合のみ、建物の<u>賃借人</u>は、中途解約ができる。

⑩増額しない特約も減額しない特約も、<u>有効</u>である。

学習日	月 日	月 日	月 日	月 日
正答数	／3	／3	／3	／3

過去問＋
予想問！ 目標 **4** 分で答えよう

❑❑❑ Aがその所有する甲マンションの101号室をBに賃貸した場合において、Bが101号室を、Aの承諾を得てCに転貸したときでも、AとBが賃貸借契約を合意解除すれば、Aは合意解除をもってCに対抗することができる。[H29-13-4]　　　　☞②答×

❑❑❑ 甲マンション302号室を所有しているAが各種の契約をする場合、Aが、Eとの間で、302号室を賃料月額10万円でEに賃貸する旨の定期建物賃貸借の契約を成立させるためには、書面又は電磁的記録によって契約をする必要がある。[R4-15-4改]　☞⑦答○

❑❑❑ Aが所有する甲マンションの102号室を賃貸期間2年と定めて居住用としてBに賃貸した。AB間の契約が、定期建物賃貸借である場合、特約がなくとも、Aがその親族の介護をするため甲マンションの102号室を使用する必要が生じて、Bに対し、解約の申入れをしたときは、当該定期賃貸借契約は、解約の申入れの日から1ヵ月を経過することによって終了する。[R4-16-4]　　　　　　　　☞⑨答×

20 請　負

1 請　負

①請負人は、原則として、仕事を別の者に請け負わせることができる。

②請負の目的物の引渡しと報酬の支払いは、同時履行の関係に立つ。

③請負の仕事の完成と報酬の支払いは、同時履行の関係に立たない。

2 請負人の担保責任

④請負人が仕事を完成させたとしても、欠陥があり契約の内容に適合していない場合、注文者は請負人に対して担保責任を追及できる。具体的には、追完請求・報酬減額請求・損害賠償請求・解除が可能である。

⑤契約不適合が注文者の指図によって生じた場合、担保責任の追及はできない。

⑥請負人が、注文者の指図が不適当であることを知りながら告げなかった場合、注文者の指図であっても担保責任を追及できる。

3 注文者の解除権

⑦注文者は、仕事の完成前であればいつでも、請負人に損害を賠償して契約を解除することができる。

⑧契約の解除などにより仕事が完成しなかったとしても、注文者が利益を受けるときは、請負人は、その利益の割合に応じて報酬を請求することができる。

学習日	月　日	月　日	月　日	月　日
正答数	／3	／3	／3	／3

過去問＋
予想問！　**目標 4 分で答えよう**

❏❏❏　甲マンションの 305 号室を所有するAは、同室のキッチンの設備が老朽化したことから、業者Bとの間で、その設備を報酬 100 万円でリニューアルする旨の請負契約を締結した。AB間での請負契約に係る別段の特約のない限り、Aは、Bがリニューアルの工事に着手するのと同時に、報酬 100 万円をBに支払わなければならない。[R01-16-1]　☞②答×

❏❏❏　甲マンションの 305 号室を所有するAは、同室のキッチンの設備が老朽化したことから、業者Bとの間で、その設備を報酬 100 万円でリニューアルする旨の請負契約を締結した。Bは、リニューアルの工事を完成させるまでの間であれば、いつでもAに生じた損害を賠償して請負契約を解除することができる。[R01-16-2]　☞⑦答×

❏❏❏　Aマンション管理組合が屋上防水の全面改修工事をB工務店に発注する場合、工事が4割程度完成した場合でも、Aは、Bに対して損害賠償をすれば、請負契約を解除することができる。[H14-15-4]☞⑦答○

1 委任契約

①委任は、原則として<u>無償契約</u>である。特約がない限り、報酬は受領できない。

2 権利と義務

②受任者は、事務処理に必要な<u>費用</u>をあらかじめ委任者に請求できる。

③受任者は、報酬の有無にかかわらず、<u>善管注意義務</u>を負う。<u>自己のためにするのと同一の義務</u>を負うのではない。

④受任者は、<u>委任者の請求</u>があったときや、<u>委任が終了</u>したときは、委任事務に関する<u>報告</u>をしなければならない。

3 委任契約の終了

⑤委任契約は、各当事者が<u>いつでも解除</u>することができる。

⑥委任者または受任者が、相手方に<u>不利な時期</u>に委任を解除したときは、やむを得ない事由があるときを除き、相手方に対して<u>損害賠償義務</u>を負う。

⑦委任者が受任者の利益（専ら報酬を得ることによるものを除く）をも目的とする委任を解除したときも、損害賠償義務を負う。ただし、やむを得ない事由があるときを除く。

⑧委任契約は、<u>受任者の死亡・破産手続開始・後見開始</u>により終了する。

⑨委任契約は、<u>委任者の死亡・破産手続開始</u>により終了する。委任者の<u>後見開始</u>によっては終了しない。

学習日	月　日	月　日	月　日	月　日
正答数	／4	／4	／4	／4

過去問＋予想問！　目標 4 分で答えよう

❑❑❑ 区分所有する者が複数名である甲マンションにおいて、区分所有者Aが管理者である場合、Aは、管理者としての事務を処理するについて費用を要するときは、管理組合に対して事務処理費用の前払いを請求することができる。[R2-4-2] ☞②咨○

❑❑❑ 甲マンションの 301 号室を所有するAが、長期間入院することとなり、その間の同室の日常的管理を 302 号室のBに委託した。この委託が準委任に当たるとされる場合、Bが報酬の特約をして管理を受託したときは、Bは 301 号室を<u>自己のためにすると同一の注意をもって管理すれば足りる</u>。[H30-16-1]

☞③咨×

❑❑❑ 甲マンションの 301 号室を所有するAが、長期間入院することとなり、その間の同室の日常的管理を 302 号室のBに委託した。この委託が準委任に当たるとされる場合、Bは、Aに不利な時期であってもAB間の委託契約を解除することができ、やむを得ない事由があればAに損害が生じたときでもAの損害を賠償する義務は生じない。[H30-16-3] ☞⑤⑥咨○

❑❑❑ 甲マンションの 301 号室を所有するAが、長期間入院することとなり、その間の同室の日常的管理を 302 号室のBに委託した。この委託が準委任に当たるとされる場合、<u>Aが後見開始の審判を受けたときは、AB間の委託契約は終了する</u>。[H30-16-4]

☞⑨咨×

22 不法行為

必ず出る！
基礎知識　目標 **6** 分で覚えよう

1 不法行為

①<u>不法行為</u>とは、故意または過失によって違法な行為を行い、それによって他人に損害を与える行為である。

②不法行為の被害者は、加害者に<u>損害賠償</u>を請求できる。

③不法行為の加害者が負う損害賠償債務の履行遅滞は、<u>不法行為の時</u>から始まる。

④不法行為による損害賠償請求権は、被害者またはその法定代理人が<u>損害及び加害者を知った時</u>から <u>3</u> 年（人の生命・身体を害する場合は <u>5</u> 年）を経過すると、時効消滅する。

⑤<u>不法行為の時</u>から <u>20</u> 年を経過したときも、時効消滅する。

2 使用者責任

⑥<u>使用者責任</u>が成立すれば、被害者は、使用者にも損害賠償請求ができる。

⑦使用者責任の成立要件である「事業の執行」にあたるかどうかは、<u>行為の外形</u>を基準に判断する。

⑧被害者に損害を賠償した使用者は、<u>信義則上相当</u>と認められる限度で、被用者に<u>求償</u>することができる。

3 共同不法行為

⑨数人が共同不法行為により損害を与えた場合、それらの者は、<u>連帯</u>して損害賠償責任を負う。

4 工作物責任

⑩工作物の<u>占有者</u>は、損害発生防止に必要な措置をしていた場合、<u>免責される</u>（過失責任）。

⑪工作物の<u>所有者</u>は、損害発生防止に必要な措置をしていた場合でも、<u>免責されない</u>（無過失責任）。

・44・

学習日	月　日	月　日	月　日	月　日
正答数	／3	／3	／3	／3

過去問＋
予想問！ 目標 **4** 分で答えよう

❑❑❑ 甲マンションの附属施設である立体駐車場において、A運転の自動車が、Aの運転操作ミスによって駐車場設備を破損した。事故時にAが勤務先であるE社所有の自動車を私用で運転していた場合、管理者Bは、Aに損害賠償請求をすることができるが、E社に損害賠償請求をすることはできない。[H26-14-2]
☞⑦答✕

❑❑❑ 建設業者Aが建築した甲マンションの一室を買ったBが、共用部分であるエレベーターの瑕疵により負傷事故にあった場合、当該事故がA及び当該エレベーターの保守点検業務を受託していた業者Cの共同不法行為による場合、Bは、A及びCの両者又はA若しくはCに対し、損害賠償額の全額を請求することができる。[H21-15-4]
☞⑨答○

❑❑❑ Aは、その所有する甲マンションの2階202号室について、上階の排水管から発生した水漏れによって被害を受けたことを理由に、損害賠償を請求することにした。漏水の原因が202号室の直上階にある3階302号室の専有部分内に存する排水管の設置又は保存の瑕疵による場合において、302号室を賃借し居住しているCが損害の発生を防止するのに必要な注意をしたときは、同室の所有者Bが損害賠償の義務を負う。[H29-3-4]
☞⑩⑪答○

23 失火責任法

1 不法行為責任

①失火者本人は、故意または重過失の場合に限り、不法行為責任を負う。軽過失の場合には、不法行為責任を負わない。

②失火者の債務不履行責任は、免責されない。

③失火における重過失の有無は、原則として失火者本人について判断する。

2 使用者責任：失火者が被用者の場合

④失火者が被用者の場合、失火者の重過失がなければ、使用者責任は生じない。

⑤失火者が被用者の場合、使用者が失火者である被用者の選任・監督について故意または重過失がなくても、被用者に故意または重過失があれば、使用者責任が生じる。

3 監督義務者の責任：失火者が責任無能力者の場合

⑥責任無能力者とは、行為時に自己の行為の責任を弁識するに足りる知能を備えていない者をいう。10歳〜12歳程度の知能を有しない者がこれに該当するとされており、未成年者が一律に責任無能力者とされるわけではない。

⑦失火者が責任無能力者である場合、その責任無能力者の監督義務者の監督について故意または重過失があれば、監督義務者の責任が生じる。

過去問＋予想問！ 目標 4 分で答えよう

❑❑❑ 甲マンションのＡ所有の 201 号室で火災が発生し、当該火災により、同室及びその直下のＢ所有の 101 号室にそれぞれ損害が生じた。当該火災が 201 号室をＡから賃借している者の軽過失による場合、当該賃借人に対し、Ｂは損害賠償を請求することができないが、Ａは債務不履行による損害賠償を請求することができる。[H19-15-3]　　　　　☞①②答○

❑❑❑ Ａがその所有する甲マンションの 301 号室を、Ｂに事務所として賃貸したところ、Ｂの事業の執行中に従業員Ｃの過失により同室で火災が発生し、当該火災により、同室及びその直下のＤ所有の 201 号室にそれぞれ損害が生じた。当該火災が 18 歳のＣの重過失による場合において、ＢのＣに対する監督について重過失があるときは、Ｄは、Ｂに対し、損害賠償を請求することができる。[H28-16-2]　☞④⑤答○

❑❑❑ 甲マンションのＡ所有の 201 号室で火災が発生し、当該火災により、同室及びその直下のＢ所有の 101 号室にそれぞれ損害が生じた。当該火災がＡの子（9 歳）の火遊びによる場合において、Ａに当該子の監督について軽過失があるとき、Ｂは、Ａに対し、損害賠償を請求することができる。[H19-15-1]

☞⑥⑦答✕

第２編

区分所有法等

1 区分所有権

1 用語の確認

①区分所有権が成立するためには、構造上・利用上の独立性と、区分所有する意思が必要である。

②専有部分とは、構造上・利用上の独立性があり、区分所有権の目的たる建物の部分をいう。

③共用部分とは、専有部分以外の建物の部分、専有部分に属しない建物の附属物、規約により共用部分とされた附属の建物をいう。

④区分所有権とは、専有部分を目的とする所有権である。

⑤専有部分に該当するのは、共用部分以外の建物の部分、共用部分に属さない建物の附属物である。

⑥構造上区分所有者全員またはその一部の共用に供されるべき建物の部分や附属物を、法定共用部分という。

⑦規約により共用部分とされた専有部分の適格性を有する建物の部分、規約により共用部分とされた附属の建物を、規約共用部分という。

2 区分所有者の団体

⑧区分所有者が2人以上になると、当然に区分所有法3条の団体（管理組合）が成立する。

⑨区分所有者は、当然に管理組合の構成員になる。

⑩集会・規約・管理者等が定められている管理組合は、法3条の団体であり、かつ権利能力なき社団に該当する。

⑪管理者が定められておらず、規約も作られていない管理組合は、法3条の団体ではあるが、権利能力なき社団には該当しない。

学習日	月　日	月　日	月　日	月　日
正答数	／6	／6	／6	／6

○ **過去問＋予想問!** 目標 **4** 分で答えよう ○

❏❏❏ マンションの建物に対して従物的な関係にある別個の建物は、法律上当然には共用部分とならない。
[H24-1-1] ☞③答○

❏❏❏ 共用部分とは、専有部分以外の建物の部分、専有部分に属しない建物の附属物及び規約により共用部分とされた附属の建物をいう。[H25-1-2] ☞③答○

❏❏❏ 区分所有権とは、専有部分及び共用部分の共有持分を目的とする所有権である。[H19-1-1] ☞④答×

❏❏❏ マンションである建物全体の基本的構造部分及びその構造上区分所有者の全員又はその一部の共用に供される建物の部分は、法律上当然に共用部分となる。
[H24-1-3] ☞⑥答○

❏❏❏ 区分所有法第3条に規定する区分所有者の団体は、区分所有法によって設立が認められる法人である。
[H28-2-ア] ☞⑧答×

❏❏❏ 特定の区分所有者が、建物の管理又は使用に関し区分所有者の共同の利益に反する行為を行い、その行為による共同生活上の障害が著しい場合には、その区分所有者について、区分所有権を保持させたままで、区分所有法第3条に規定する区分所有者の団体の構成員の資格を失わせることができる。[H29-1-3]
☞⑨答×

2 専有部分と共用部分(1)

1 専有部分

①専有部分の用途は、<u>共同利益違反行為</u>を除き、区分所有者の自由である。ただし、用方や用途については、<u>規約</u>で制限できる。

2 共用部分の使用

②各共有者は、共用部分をその<u>用方</u>に従って使用することができる。

3 共用部分の持分割合

③各共有者の持分は、その有する専有面積の床面積の割合による。床面積は、壁その他の区画の<u>内側線</u>で囲まれた部分の水平投影面積による。ただし、<u>規約</u>で別段の定めもできる。

④共用部分以外については、区分所有法に規定がないため、民法の規定（<u>持分割合は等しい</u>ものと推定される）に従う。

4 共用部分の持分の処分

⑤共有者の持分については、その有する<u>専有部分</u>の処分に従う。

⑥共用部分の共有者は、その有する<u>専有部分</u>と分離して持分を処分することは<u>で゚き゚な゚い゚</u>。ただし、<u>区分所有法</u>に別段の定め（管理所有・共用部分の持分割合の変更）がある場合は可能である。なお、<u>規約</u>で定めることは<u>で゚き゚な゚い゚</u>。

学習日	月　日	月　日	月　日	月　日
正答数	／5	／5	／5	／5

2編

専有部分と共用部分(1)

過去問＋予想問！ 目標 4 分で答えよう

❏❏❏ 専有部分は、区分所有権の目的たる建物の部分であり、その用途は、住居、店舗、事務所又は倉庫に供することができるものに限られる。[H30-4-ウ]

☞①答✕

❏❏❏ 区分所有法では、各共有者は、共用部分の全部について、持分に応じて使用することができると規定している。[H28-1-1]　　　☞②答✕

❏❏❏ 共用部分の各共有者の持分は、その有する専有部分の床面積の割合により、また、その床面積は、壁その他の区画の内側線で囲まれた部分の水平投影面積によるとされているが、これらは規約で別段の定めをすることもできる。[H28-1-3]　　　☞③答○

❏❏❏ 各共有者の持分の割合は、共用部分について規約に別段の定めがないときはその有する専有部分の床面積の割合により決められ、共用部分以外の附属施設については当事者の合意がないときは相等しいものと推定される。[H27-1-4]　　　☞④答○

❏❏❏ 共用部分の持分と専有部分とを分離して処分することができる旨を、規約で定めることはできない。[H21-5-2]　　　☞⑥答○

3 専有部分と共用部分(2)

1 共用部分の管理

①保存行為は、各共有者が単独ですることができる。ただし、規約で別段の定めをすることもできる。

②管理行為は、集会の普通決議で決する。ただし、規約で別段の定めをすることもできる。

③変更行為(軽微変更)は、集会の普通決議で決する。ただし、規約で別段の定めをすることもできる。

④変更行為(重大変更)は、区分所有者及び議決権の各4分の3以上の多数による集会の決議で決する。ただし、区分所有者の定数に限り、規約で過半数まで減ずることができる。

⑤一部共用部分は、共用すべき一部の区分所有者のみで管理を行う。ただし、全員の利害に関するものは、区分所有者全員で管理を行う。

⑥全体の利害に関しないものでも、全体の規約に定めがあれば、区分所有者全員で管理を行う。ただし、共用すべき区分所有者の4分の1を超える者または議決権の4分の1を超える者が反対した場合は、することができない。

2 管理所有

⑦管理者と区分所有者は、規約に別段の定めがあるときは、共用部分を管理所有することができる。しかし、敷地を管理所有することはできない。

⑧管理所有者は、保存行為・管理行為・軽微変更を単独で行うことができる。しかし、重大変更は単独で行うことができない。

学習日	月 日	月 日	月 日	月 日
正答数	／6	／6	／6	／6

過去問＋予想問！ 目標 **4** 分で答えよう

❏❏❏ 共用部分の変更についての決議要件について、規約で、その変更の内容が軽微なものか重大なものかにかかわらず、区分所有者及び議決権の各過半数に減ずることを定めることができる。[R3-8-2] ☞④答×

❏❏❏ 店舗一部共用部分である外装がマンション全体の美観に影響を及ぼすような場合におけるその全体の美観に影響を及ぼす外装の変更は、区分所有者全員の集会の決議を得なければならない。[H26-9-1] ☞⑤答○

❏❏❏ 店舗一部共用部分であるエスカレーターについて、区分所有者全員の規約に定めがない場合、その取替えが区分所有者全員の利害に関係しないときは、店舗一部共用部分の区分所有者の集会の決議で取替えを行うことができる。[H26-9-3] ☞⑤⑥答○

❏❏❏ 共用部分は、規約の定めにより、区分所有者又は管理者でない者の所有に属させることができる。[H28-5-1] ☞⑦答×

❏❏❏ 規約で管理者が建物の敷地及び附属施設を所有すると定めることにより、管理者はこれらの管理に必要な行為を行う権限を有する。[R3-4-2] ☞⑦答×

❏❏❏ 管理所有者は、その者が管理所有する共用部分について、その形状又は効用の著しい変更を伴わないものであっても、変更をすることはできない。[R4-3-4] ☞⑧答×

1 敷地の種類

①区分所有建物が物理的に所在する一筆または数筆の土地を、法定敷地という。

②建物及び法定敷地と一体として管理または使用する庭、通路その他の土地で規約により建物の敷地とされた土地を、規約敷地という。法定敷地と隣接している必要はない。

③建物の所在する土地が、建物の一部の滅失または土地の一部の分割により、建物が所在する土地以外の土地となった場合、規約で建物の敷地と定められたものとみなされる土地を、みなし規約敷地という。

2 敷地利用権と敷地権

④敷地利用権には、所有権・借地権（地上権・賃借権）・使用借権がある。地役権は含まれない。

⑤登記された敷地利用権であって、区分所有者の有する専有部分と分類して処分するものができないものを、敷地権という。

⑥区分所有者が一人で数個の専有部分を所有する場合、敷地利用権の割合は、原則として専有部分の床面積の割合により決まる。

3 分離処分の禁止

⑦専有部分とその専有部分に係る敷地利用権とを分離して処分することはできない。ただし、規約で別段の定めがある場合は可能である。

学習日	月 日	月 日	月 日	月 日
正答数	／5	／5	／5	／5

2編

敷地利用権

過去問＋予想問！ 目標4分で答えよう

❑❑❑ 一筆の土地に数棟の建物が存するときは、法律上当然に一筆の土地全体がそれぞれ各棟の建物の敷地となることはない。[H21-1-1] ☞①答×

❑❑❑ 区分所有者が建物及び建物が所在する土地と一体として管理する土地は、法律上当然に建物の敷地となることはない。[H21-1-2] ☞②答○

❑❑❑ マンションの敷地の一部を隣接する民間駐車場の所有者に売却することになった場合において、分筆登記をすることにより土地が分割され、売却予定の土地は建物が所在する土地以外の土地となったので、建物の敷地ではなくなる。[H26-26-3] ☞③答×

❑❑❑ 敷地利用権とは、専有部分を所有し敷地を利用するための建物の敷地に関する所有権、地上権、賃借権、使用借権又は地役権をいう。[H25-1-4] ☞④答×

❑❑❑ 定期借地権設定契約に基づき建てられたマンションの101号室を売却する場合、当該土地の所有者Aの承諾があれば、101号室とそれに係る借地権の準共有持分とを分離して譲渡することができる。ただし、規約に別段の定めはなく、Aと101号室の所有者Bとの間の定期借地権設定契約には、特約はないものとする。[H16-2-1] ☞⑦答×

5 区分所有者の権利と義務

1 先取特権

①区分所有法上の先取特権は、優先権の順位及び効力については、民法上の<u>共益費用</u>の先取特権とみなされるが、<u>目的物</u>については除外される。そのため、他の一般の先取特権と競合する場合でも、それらに<u>優先</u>する。

②先取特権の行使は、まず建物に備え付けた債務者の<u>動産</u>を競売し、それでも不足がある場合に債務者の<u>区分所有権</u>等を競売する。

③先取特権には、<u>物上代位性</u>がある。

2 区分所有者の特定承継人の責任

④区分所有者に対して有する債権については、区分所有者から区分所有権を取得した<u>特定承継人</u>に対しても行使することができる。その際、特定承継人の<u>善意・悪意</u>は問わない。

⑤<u>賃借人</u>は、特定承継人には<u>該当しない</u>。

⑥旧区分所有者の債務を弁済した特定承継人は、本来弁済すべき旧区分所有者に対して<u>求償</u>できる。

3 瑕疵に関する事項

⑦瑕疵が専有部分に存する場合、民法の不法行為の規定に従い、<u>占有者</u>または<u>所有者</u>が損害賠償責任を負う。

⑧瑕疵が共用部分に存する場合、<u>共用部分の占有者</u>または<u>所有者</u>が損害賠償責任を負う。

⑨瑕疵が専有部分か共用部分かどちらか不明な場合には、<u>共用部分</u>に存するものと<u>推定</u>される。

○ **過去問＋予想問！ 目標 4 分で答えよう** ○

❏❏❏ 店舗を経営する区分所有者が、管理組合の承諾を得て、共用部分である廊下に自らの所有する動産であるショーケースを備え付けていた場合、このショーケースに対しては、先取特権の効力は及ばない。
[H28-3-3]
☞②答✕

❏❏❏ 甲マンションの管理組合Ａの組合員Ｂは、区分所有権の購入に際して、Ｃ銀行から融資を受けてＣのために抵当権を設定し登記を行い、また、現在は同室をＤに賃貸して賃料収入を得ている。Ｂは極めて長期間管理費等を滞納しており、滞納額も多額となったため、Ａが再三にわたり督促をしているが、Ｂは一切無視し続けている。Ｃが抵当権の実行として101号室を競売し、Ｅが当該競売における手続きを経て買受人となった場合には、Ａは、Ｅに対して、滞納管理費等を請求することはできない。[R01-8-4]
☞④答✕

❏❏❏ Ａは、その所有する甲マンションの2階202号室について、上階の排水管から発生した水漏れによって被害を受けたことを理由に、損害賠償を請求することにした。漏水の原因が甲マンションの3階部分にある排水管の設置又は保存の瑕疵によるものであることが立証された場合には、Ａは、排水管が共用部分に属するものであることを立証しなくても、管理組合に対して損害賠償を請求することができる。
[H29-3-1]
☞⑨答○

6 管理者

1 資格の制限

①管理者を設置するかどうかは、任意である。

②管理者は、区分所有者か否かを問わない。また、自然人のみならず、法人も管理者となることができる。

③管理者の人数・任期には、制限がない。

2 選任と解任

④管理者は、規約に別段の定めがない限り、集会の普通決議によって選任・解任される。

⑤管理者は委任関係である。そのため、民法の委任の規定が準用される。

　例 受任者に善管注意義務・各当事者はいつでも解除可能

⑥管理者に不正な行為等の事情がある場合、各区分所有者は、その解任を裁判所に請求できる。解任の議案が集会で否決されても、訴えの提起は可能。

3 権　限

⑦管理者は、共用部分や敷地等の保存行為を行うこと、集会の決議を実行すること、及び規約で定めた行為をすることに対する権利を有し、義務を負う。

⑧管理者の職務に関する事項、共用部分についての損害保険契約に基づく保険金の請求及び受領、共用部分等について生じた損害賠償金及び不当利得による返還金の請求及び受領に関して、管理者は区分所有者を代理する。

⑨管理者の代理権に加えた制限は、善意の第三者に対抗できない。

学習日	月　日	月　日	月　日	月　日
正答数	／6	／6	／6	／6

過去問＋
予想問！ ● 目標 **4** 分で答えよう ●

❏❏❏ 区分所有法第3条の区分所有者の団体（管理組合）が集会を開催する場合は、規約を定め管理者を置かなければならない。[H27-1-1] ☞① 答✕

❏❏❏ 管理者の選任について、集会の決議によらず、区分所有者の輪番制によるものと定めることは、規約の定めとして有効である。[H21-8-3] ☞④ 答○

❏❏❏ 甲マンション管理組合（管理者Aが置かれている）において、任期途中のAを集会の決議によって解任するためには、規約に特段の定めがない限り、正当な事由が存することが必要である。[H13-8-1]
☞⑤ 答✕

❏❏❏ 区分所有者Aが甲マンションの管理者である場合、Aが集会の決議に基づいて管理者になっているときは、辞任によって管理者の地位から離れるためには、集会において辞任を承認する決議が必要である。[H27-6-3] ☞⑤ 答✕

❏❏❏ 甲マンション管理組合（管理者Aが置かれている）において、Aの解任の議案が集会で否決されても、B（区分所有者の1人である）は、Aの解任の訴えを提起することができる。[H13-8-2] ☞⑥ 答○

❏❏❏ 不動産業者が建設し、分譲したマンションの共用部分及び専有部分に、施工時の瑕疵による損害が発生した。この場合において、管理者は、共用部分に発生した損害について、区分所有者を代理して、損害賠償を請求することができる。[H17-3-1] ☞⑧ 答○

7 規　約

1 規__約

①規約は、<u>書面</u>または<u>電磁的記録</u>により作成しなければならない。

②規約の設定・変更・廃止は、区分所有者及び議決権の<u>各4分の3以上</u>の多数の集会の決議によって行う。

③一部の区分所有者の権利に特別の影響を及ぼすときは、その者の<u>承諾</u>を得なければならない。

④最初に建物の専有部分の全てを所有する者は、<u>公正証書</u>により、規約共用部分・規約敷地・専有部分と敷地利用権の分離処分について等の一定事項について<u>規約</u>を設定することができる。

⑤規約は、<u>管理者</u>が保存する。管理者がいない場合、建物を使用している<u>区分所有者</u>またはその<u>代理人</u>のうち、<u>規約</u>または<u>集会の決議</u>で定める者が保存する。

⑥規約を保管する者は、<u>閲覧請求</u>があった場合、正当な理由があるときを除いて、これを拒んではならない。

⑦規約の保管場所は、<u>建物内の見やすい場所</u>に掲示する。

2 一部共用部分と規約

⑧一部共用部分について、区分所有者全体の利害に関するものは<u>区分所有者全体</u>の規約で定め、全体の利害に関しないものは<u>共用すべき区分所有者</u>の規約で定める。

⑨全体の利害に関しないものでも、<u>全員の規約</u>に定めがあれば、<u>区分所有者全員</u>の規約で定める。ただし、共用すべき区分所有者の<u>4分の1</u>を超える者または議決権の<u>4分の1</u>を超える者が反対した場合は、することができない。

学習日	月 日	月 日	月 日	月 日
正答数	／6	／6	／6	／6

2編

規

約

過去問+予想問！ 目標 **4** 分で答えよう

□□□ 規約は、管理組合の基本となるものであるから、電磁的記録により作成することはできない。[H15-7-2]
☞①答×

□□□ 既存のマンションの専有部分をすべて購入し、その専有部分の全部を分譲する予定のマンション業者は、区分所有法第 32 条の規定に基づき公正証書による規約を設定することができない。[H18-8-1] ☞④答○

□□□ 区分所有者の全員に規約の写しを配布してあれば、規約の保管をする必要はない。[H14-30-4] ☞⑤答×

□□□ 管理者がいる場合、規約に定めることにより、管理者が指名した者を規約の保管者とすることができる。
[R3-6-4] ☞⑤答×

□□□ 規約を保管する者は、建物内の見やすい場所に保管場所を掲示し、利害関係人の閲覧請求に対して、正当な理由なしに、規約の閲覧を拒んではならない。
[R2-5-イ] ☞⑥⑦答○

□□□ 上層階を住居部分、下層階を店舗部分とする複合用途型マンションの店舗一部共用部分に関して、店舗一部共用部分である客用便所の管理について、区分所有者全員の規約で定めをしようとする場合、住居一部共用部分の区分所有者の4分の1を超える者が反対したときは、することができない。[H26-9-4]
☞⑨答×

8 集 会 ⑴

1 集会の招集

①管理者は、毎年 1 回、集会を招集しなければならない。

②管理者がいる場合、区分所有者の 5 分の 1 以上で議決権の 5 分の 1 以上を有するものは、管理者に対して集会の招集を請求できる。なお、この定数は、規約で減ずることができる。

2 集会の通知

③集会の招集通知は、会日の 1 週間前までに各区分所有者に発する必要がある。この期間は、規約で伸縮できる。

④専有部分が数人の共有に属するときは、議決権行使者として指定された者（いない場合は共有者の 1 人）に通知すれば足りる。

⑤通知を受けるべき場所を通知した場合、通知された場所に招集通知を発する。場所の通知がない場合、区分所有者の所有する専有部分の存在場所に招集通知を発する。

⑥規約に特別の定めがある場合、建物内に住所を有する区分所有者と、通知を受ける場所を通知していない区分所有者に対しては、建物内の見やすい位置に掲示することで招集通知を発したものとすることができる。

⑦普通決議以外の場合は、議案の要領をも通知しなければならない。ただし、管理組合法人化に関する決議等の場合、議案の要領の通知は不要である。

⑧区分所有者全員の同意があれば、招集手続を経ないで集会を開くことができる。

学習日	月　日	月　日	月　日	月　日
正答数	／5	／5	／5	／5

2編

集

会

(1)

● 過去問＋予想問！ **目標 4 分で答えよう** ●

❑❑❑ 区分所有者の5分の1以上で議決権の5分の1以上を有するものは、管理者に対し、会議の目的たる事項を示して、集会の招集を請求することができるが、この定数は、規約で増減することができる。[H29-5-ウ]
☞②答×

❑❑❑ 管理者がないときは、区分所有者の6分の1以上で議決権の6分の1以上を有するものは、集会を招集することができる旨の規約の定めは、効力を生じる。[H23-4-1]
☞②答○

❑❑❑ 集会の招集の通知は、会日より少なくとも1週間前に、会議の目的たる事項を示して、各区分所有者に発しなければならないが、この期間は、規約で伸縮することができる。[H29-5-エ]
☞③答○

❑❑❑ A及びその妻Bは、甲マンション（その敷地を区分所有者が共有しているものとする）の1室を共有しており、Aの持分は3分の1である。議決権を行使すべき者が定められていない場合には、持分の小さいAに対してした集会の招集通知は、有効である。[H15-27-1]
☞④答○

❑❑❑ 区分所有者全員が打合せのために集まり、その全員の同意があっても、招集の手続を経ていないのでその場で集会を開くことはできない。[H22-8-3]
☞⑧答×

9 集 会 ⑵

1 集会の決議

①集会では、招集通知によりあらかじめ通知した事項についてのみ決議をすることができる。ただし、特別決議を除いて、規約で別段の定めをすることもできる。

②集会の決議の効力は、その承継人や占有者にも及ぶ。

2 議 決 権

③各区分所有者の議決権は、共用部分の持分割合による。ただし、規約で別段の定めをすることができる。

3 議　　事

④議決権は、原則として集会に出席して行使する。ただし、書面（議決権行使書）や代理人（委任状）によって行使することもできる。

⑤代理人の資格については、区分所有法上、特に制限はない。

⑥議決権行使書や委任状に関しては、特に書式は定められていないため、押印がなくても有効である。

⑦区分所有者は、規約または集会の決議により、書面による議決権の行使に代えて、電磁的方法によって議決権を行使することができる。

⑧専有部分が数人の共有に属する場合、共有者は、議決権行使者を1人定めなければならない。

4 議　事　録

⑨集会の議事録が書面で作成されている場合、議長と集会に出席した区分所有者2人の合計3人が、これに署名をしなければならない。

● 過去問＋予想問！ **目標 4 分で答えよう** ●

❏❏❏ 集会においては、招集の通知によりあらかじめ通知
した事項についてのみ決議をすることができ、規約
で別段の取扱いをすることは<u>できない</u>。[H26-6-3]

☞①答✕

❏❏❏ 「議案の要領の内容には、機械式駐車場に隣接する
別の附属施設であるバイク置場の撤去も盛り込まれ
ていますが、それにもかかわらず、議題として通知
されていません。本来別の議題とすべきで、それを
含めて集会で決議することはできません」という区
分所有者の発言は適切である。[H24-25-3]　☞①答○

❏❏❏ 数個の専有部分を所有する区分所有者が存在しない
場合には、各区分所有者の議決権の割合について、
規約で住戸一戸につき各一個の議決権と定めること
により、決議に必要な区分所有者の定数と一致させ
ることができる。[H28-6-4]　☞③答○

❏❏❏ 区分所有者は、規約の定めによらない限り、書面に
よる議決権の行使に代えて、電磁的方法によって議
決権を行使することはできない。[H26-6-1]　☞⑦答✕

❏❏❏ 書面で作成された集会の議事録について、集会に出
席した区分所有者2人の署名は省略することができ
ると定めることは、<u>規約の定めとして有効である</u>。
[H21-8-4 改]　☞⑨答✕

必ず出る！
基礎知識　**目標 6 分で覚えよう**

1　事務の報告

①管理者は、集会において、毎年 1 回一定の時期に、その
　事務に関する報告をしなければならない。集会を開かず
　書面により報告内容を送付する方法などは、認められて
　いない。

2　占有者の意見陳述権

②区分所有者の承諾を得て専有部分を占有する者は、会議
　の目的につき利害関係がある場合、集会に出席して意見
　を述べることができる。ただし、議決権はない。

③管理費や修繕積立金の増額についての議題を扱う集会に
　おいて、占有者は、利害関係があるとはいえない。

④ペット飼育禁止についての議題を扱う集会において、占
　有者は、利害関係があるといえる。

⑤専有部分を居住目的以外に使用することを禁止すること
　についての議題を扱う集会について、占有者は、利害関
　係があるといえる。

3　書面または電磁的方法による決議

⑥区分所有者全員の承諾がある場合、書面または電磁的方
　法による決議をすることができる。

⑦区分所有者全員の書面または電磁的方法による合意があ
　る場合、書面または電磁的方法による決議があったもの
　とみなされる。

○ 過去問＋予想問！ **目標 4 分で答えよう** ○

❏❏❏ 管理者は、集会において、毎年1回一定の時期に、その事務に関する報告をしなければならないが、規約の定めにより書面の送付をもって報告に代えることができる。[H30-2-2] ☞①答×

❏❏❏ 管理費を増額する規約の変更に係る集会の決議を行う場合における専有部分の賃借人は、会議の目的たる事項について利害関係を有するとして、区分所有法第44条第1項の規定により、集会に出席して意見を述べることができる。[H19-8-1] ☞②③答×

❏❏❏ 甲マンション301号室の区分所有者Aが、専有部分をBに賃貸している場合、規約を変更しペットの飼育を禁止することについて集会で決議する場合、301号室でペットを飼育しているBは、利害関係を有するとして、集会に出席して当該規約変更に関する意見を述べることができる。[H29-6-エ] ☞②④答○

❏❏❏ 区分所有法又は規約により集会において決議をすべき場合において、電磁的方法による決議をするためには、区分所有者の4分の3以上の承諾がなければならない。[H30-7-1] ☞⑥答×

❏❏❏ 規約により集会において決議すべきものとされた事項については、区分所有者全員の書面又は電磁的方法による合意があったときは、書面又は電磁的方法による決議があったものとみなす。[R4-6-4] ☞⑦答○

1 成立

①管理組合は、区分所有者及び議決権の<u>各4分の3以上</u>の多数による集会の決議で、<u>法人となる旨</u>及びその<u>名称</u>、<u>事務所</u>を定め、<u>法人登記</u>をすることで法人となる。

②管理組合が法人化した場合、名称中に必ず「<u>管理組合法人</u>」という文字を用いなければならない。

③法人登記においては、<u>理事全員</u>（代表理事を定めた場合は<u>代表理事のみ</u>）の<u>氏名・住所</u>が登記事項となる。監事の氏名・住所は、<u>登記事項ではない</u>。

2 管理組合法人の権限

④管理組合法人は、その事務に関し、区分所有者を<u>代理</u>する。

⑤管理組合法人の代理権に加えた制限は、<u>善意の第三者</u>に対抗することができない。

⑥管理組合法人は、規約または集会の決議により、その事務に関し、区分所有者のために、<u>原告または被告</u>となることができる。<u>規約</u>により原告または被告となった場合、遅滞なく区分所有者にその旨を<u>通知</u>しなければならない。

⑦管理組合法人に<u>管理所有</u>という制度は<u>ない</u>。

3 財産目録・区分所有者名簿

⑧管理組合法人は、設立時及び毎年<u>1月</u>から<u>3月</u>までの間に財産目録を作成し、常にこれを<u>主たる事務所</u>に備え置かなければならない。

⑨管理組合法人は、<u>区分所有者名簿</u>を備え置き、区分所有者の変更があるごとに変更しなければならない。

学習日	月 日	月 日	月 日	月 日
正答数	／6	／6	／6	／6

● 過去問+予想問！ **目標 4 分で答えよう** ●

❏❏❏ 区分所有法第3条に規定する区分所有者の団体は、区分所有者及び議決権の各4分の3以上の多数による集会の決議で法人となる旨並びにその名称及び事務所を定めることで<u>直ちに</u>法人となることができる。
[H28-8-1]　　　　　　　　　☞①答×

❏❏❏ 管理組合が主たる事務所の所在地において登記をすることによって管理組合法人となる場合において、管理組合法人の監事については登記はなされない。
[H30-8-1]　　　　　　　　　☞③答〇

❏❏❏ <u>管理組合法人の理事は、共用部分についての損害保険契約に基づく保険金額の請求及び受領について管理組合法人を代理する。</u>[H24-8-1]　　☞④答×

❏❏❏ <u>管理組合法人の理事は、規約又は集会の決議により、管理組合法人の事務に関し、区分所有者のために、原告又は被告となることができる。</u>[R3-3-1]
　　　　　　　　　　　　　☞⑥答×

❏❏❏ 管理組合法人は、規約に特別の定めがあるときは、共用部分について、区分所有法第27条の管理所有をすることができる。[H20-8-4]　　☞⑦答×

❏❏❏ 管理組合法人は、財産目録を作成しなければならないが、常にこれを主たる事務所に備え置くことについては<u>義務づけられていない</u>。[H26-3-3]　☞⑧答×

必ず出る！基礎知識 目標 6分で覚えよう

1 理事と監事

①管理組合法人には、理事と監事を置かなければならない。

②理事・監事の任期は、原則として2年である。ただし、規約で3年以内の別段の期間を定めることもできる。

③任期の満了または辞任によって退任する役員は、後任の役員が就任するまでの間、引き続きその職務を行う。

④解任または転出によって退任する役員には、職務継続義務が生じない。

2 理 事

⑤理事が数人ある場合において、規約に別段の定めがないときは、管理組合法人の事務は、理事の過半数で決する。

⑥理事は、管理組合法人を代表する。理事が数人いる場合は、各自が管理組合法人を代表する。

3 監 事

⑦監事は、理事または管理組合法人の使用人と兼ねてはならない。

⑧管理組合法人と理事との利益が相反する事項については、監事が管理組合法人を代表する。

4 解散・清算

⑨建物が全部滅失した場合、建物に専有部分がなくなった場合、区分所有者及び議決権の各4分の3以上の多数による集会の決議があった場合、管理組合法人は解散する。

⑩建物の滅失及び建物に専有部分がなくなったことによる解散の場合、残余財産は、各区分所有者にその持分割合で分割帰属する。

学習日	月 日	月 日	月 日	月 日
正答数	／6	／6	／6	／6

過去問＋予想問！ **目標 4 分で答えよう**

❑❑❑ 管理組合法人には、理事は必ず置かなければならないが、<u>監事については、置くかどうかを規約で定め、その定めに従い</u>1人又は数人の監事を置く。[H14-8-2]

☞①**答**×

❑❑❑ <u>管理組合の管理者</u>と管理組合法人の理事は、任期は2年であるが、規約で3年以内において別段の期間を定めたときは、その期間とする。[H19-2-イ]

☞②**答**×

❑❑❑ 集会の決議による解任で退任した管理組合法人の理事は、後任者が就任するまでの間は、<u>引き続きその職務を行う義務を負う</u>。[H15-8-4]　　　☞④**答**×

❑❑❑ 建物に専有部分がなくなったことにより解散した管理組合法人の残余財産は、<u>区分所有法第3条の団体に帰属する</u>。[H19-11-1]　　　　☞⑨⑩**答**×

❑❑❑ 管理組合法人は、建物の全部の滅失又は建物に専有部分がなくなったことのほか、区分所有者及び議決権の各4分の3以上の多数の集会の決議によっても解散する。[R3-3-3]　　　　　　　　☞⑨**答**○

❑❑❑ 建替え決議に基づき建物を取り壊すことにより解散する管理組合法人の残余財産は、各共有者の専有部分の床面積の割合により各区分所有者に帰属する。[H19-11-4]　　　　　　　　　　☞⑨⑩**答**○

13 義務違反者に対する措置

1 共同の利益に反する行為

①管理費・修繕積立金の不払いが長期にわたり、滞納額が多額となり、将来も改善の可能性がない場合や、区分所有者が管理組合の役員を誹謗中傷して管理組合の業務遂行や運営に支障が出る場合は、<u>共同の利益に反する行為</u>となる。

2 義務違反者に対する措置の内容

②区分所有者や占有者に対して、<u>共同の利益に反する行為の停止</u>を要求する訴訟を行う場合は、<u>普通決議</u>が必要となる。その際、<u>弁明の機会を与える必要はない</u>。

③区分所有者に対して、<u>専有部分の使用禁止</u>を請求する訴訟や区分所有権の競売を請求する訴訟を行う場合は、区分所有者及び議決権の<u>各4分の3以上</u>の多数が必要である。その際、<u>弁明の機会を与える必要がある</u>。

④占有者（借主等）に対して、<u>引渡し</u>を請求する訴訟を行う場合は、区分所有者及び議決権の<u>各4分の3以上</u>の多数が必要である。その際、<u>占有者</u>に対して弁明の機会を与える必要は<u>あるが</u>、<u>区分所有者（貸主）には弁明の機会を与える必要がない</u>。

⑤勝訴判決に基づき専有部分の引渡しを受けた者は、<u>遅滞なく</u>、その専有部分を占有する権原を有する者（転貸借の場合は<u>転貸人</u>）に引き渡さなければならない。

⑥各訴訟の提起を決議する集会においては、<u>義務違反者</u>である区分所有者も、<u>議決権を行使することができる</u>。

○ **過去問＋予想問！** 目標 **4** 分で答えよう ○

❑❑❑ 区分所有者Aは、ペットとしての犬の飼育が規約で禁止されているにもかかわらず、ペットとして小型犬の飼育を始めた。管理組合の管理者が再三にわたり中止するよう申し入れたが、Aは、その申入れを無視して犬の飼育を継続している。甲がAの犬の飼育の差止めの訴訟を提起する集会の決議をする場合、あらかじめ、Aに弁明する機会を与える必要がある。
[H18-10-3]　　　　☞②晉×

❑❑❑ 区分所有者及び議決権の各3分の2以上の多数による集会の決議があれば、義務違反行為を行う区分所有者に対し、他の区分所有者の全員が訴えをもって当該区分所有者の専有部分の使用の禁止を請求することができる。[R4-9-イ]　　　☞③晉×

❑❑❑ 甲マンションの301号室は、区分所有者Aが賃借人Bに賃貸し、Bから転借人Cに転貸されている。この場合におけるCの共同利益背反行為に対する訴えを提起する集会の決議の前に、弁明の機会を付与しなければならないが、その弁明の機会は、Aに対して与えなければならない。[H24-26-1]　☞④晉×

❑❑❑ 甲マンションの301号室は、区分所有者Aが賃借人Bに賃貸し、Bから転借人Cに転貸されている。この場合におけるCの共同利益背反行為に対する勝訴判決の結果、301号室の引渡しを受けた管理者は、遅滞なく、301号室をBに引き渡さなければならない。[H24-26-3]　　　☞⑤晉○

14 復旧・建替え(1)

1　小規模滅失：建物価格の2分の1以下の滅失

①小規模滅失の場合、各区分所有者は、滅失した共用部分を単独で復旧できる。ただし、復旧決議や建替え決議が成立した場合には、単独での復旧はできない。

2　大規模滅失：建物価格の2分の1超の滅失

②大規模滅失の場合、自己の専有部分については単独で復旧できる。

③大規模滅失の場合、集会において区分所有者及び議決権の各4分の3以上の多数で、滅失した共用部分を復旧する旨の決議をすることができる。

④集会の議事録には、決議について各区分所有者の賛否を記載しなければならない。

⑤復旧決議があった場合、その決議の日から2週間を経過したときは、決議賛成者以外の区分所有者は、決議賛成者に対して、建物及び敷地に関する権利を時価で買い取るべきことを請求できる。

⑥買取請求を受けた決議賛成者は、その請求の日から2か月以内に、他の決議賛成者の全部または一部に対し、再買取請求ができる。

⑦復旧決議の日から2週間以内に、決議賛成者全員の合意により買取りできる者を指定した場合、その買取指定者に対してのみ買取請求ができる。

⑧大規模滅失から6か月以内に復旧決議及び建替え決議がない場合、各区分所有者は、他の区分所有者に対して買取請求を行うことができる。

2編

復旧・建替え(1)

◉ 過去問＋予想問！ **目標 4 分で答えよう** ◉

□□□ マンションの滅失がその建物の価格の2分の1以下に相当する部分の滅失である場合において、区分所有者Bが自己の専有部分の復旧の工事に着手するまでに復旧の決議があったときは、Bは、単独で専有部分の復旧をすることはできない。[R2-9-エ]

☞①答×

□□□ 甲マンションの建物価格の2分の1を超える部分が滅失したために、滅失した共用部分を復旧する旨の決議がなされた。その決議において、区分所有者全員10名のうち、A、Bら8名は決議に賛成し、C及びDの2名は決議に賛成しなかった。この場合におけるC及びDが買取請求権を行使する場合、C及びDは、決議賛成者全員に対し、買取請求権を行使することができる。ただし、その決議の日から、2週間以内に買取指定者の指定がなされなかったものとする。[H19-9-1]

☞⑤答○

□□□ マンションの建物価格の2分の1を超える部分が滅失（大規模滅失）したために復旧決議がなされた場合において、買取指定者が指定されるときには、その指定は、復旧決議の日から2月以内になされる必要がある。[H20-10-1]

☞⑦答×

15 復旧・建替え(2)

1 建替え

①集会における区分所有者及び議決権の<u>各5分の4</u>以上の多数で、<u>建替え決議</u>をすることができる。

②集会の議事録には、決議について各区分所有者の<u>賛否</u>を記載しなければならない。

③建替え前の敷地と一部でも重なっていれば、<u>再建建物の敷地</u>とすることができる。

④建替え決議の集会招集通知は、会日の<u>2か月</u>前までに発する。この期間は、規約で<u>伸長</u>することができる。

⑤建替え決議を会議の目的とする集会の招集通知には、議案の要領のほか、建替えが必要な<u>理由</u>、建替えをしない場合の<u>修繕費用</u>とその内訳、修繕に関する計画が定められている場合にはその<u>計画内容</u>、積み立てられている<u>修繕積立金</u>の金額も、合わせて通知しなければならない。

⑥建替え決議を会議の目的とする集会を招集した者は、集会の会日より少なくとも<u>1か月</u>前までに、<u>説明会</u>を開催しなければならない。この説明会の招集通知は、会日より少なくとも<u>1週間</u>前までに発しなければならない。この期間は、規約で<u>伸長</u>することができる。

⑦建替え決議に賛成しなかった区分所有者に対しては、再考の機会を与えるため、改めて建替え決議に賛成するか否かを回答すべき旨を<u>書面で催告</u>しなければならない。

⑧建替え参加者は、建替え不参加者に対して、<u>売渡請求</u>をすることができる。

学習日	月　日	月　日	月　日	月　日
正答数	／6	／6	／6	／6

2編

復旧・建替え(2)

○ **過去問＋予想問！ 目標 4 分で答えよう** ○

❑❑❑ 現在の建物の敷地の一部を売却し、残った土地は、再建建物の敷地とすることが<u>できない</u>。[H23-9-1]

☞③答✕

❑❑❑ 甲地の周囲の土地を購入して、現在の建物の敷地と新たに購入した土地を含む拡張された一体の土地は、再建建物の敷地とすることが<u>できない</u>。[H23-9-2]

☞③答✕

❑❑❑ 現在の建物の敷地と等価交換した、現在の建物の敷地と同面積の隣接した土地は、再建建物の敷地とすることができない。[H23-9-3]

☞③答○

❑❑❑ 現在の建物の敷地の大部分を売却し、その代金で残った現在の建物の敷地に隣接する土地を購入し、現在の建物の敷地の残部と新たに購入した土地を含む一体の土地は、再建建物の敷地とすることが<u>できない</u>。[H23-9-4]

☞③答✕

❑❑❑ 建替え決議を会議の目的とする集会の招集の通知は、当該集会の会日より少なくとも2月前に、各区分所有者に発しなければならない。規約でこの期間を伸長することも<u>短縮することもできる</u>。[H27-7-4]

☞④答✕

❑❑❑ マンションの建替え決議を会議の目的とする集会を招集した者は、当該集会の会日より少なくとも1月前までに、当該招集の際に通知すべき事項について区分所有者に対して説明を行うための説明会を開催しなければならない。[H20-10-4]

☞⑥答○

16 団 地 ⑴

1 団地と団地管理組合

①区分所有法上の団地は、<u>一団の土地の区域内</u>に数棟の建物があり、その土地または附属施設が、それらの建物の所有者の<u>共有</u>に属している場合に限られる。

②団地建物所有者は、全員で、その団地内の土地、附属施設及び専有部分のある建物の管理を行うため、<u>団地管理組合</u>を当然に構成する。

③<u>団地管理規約</u>は、団地建物所有者及び議決権の<u>各４分の３以上</u>の多数による団地管理組合の集会の決議により、設定・変更・廃止ができる。

④団地建物所有者全員で共有している<u>土地</u>や<u>附属施設</u>は、当然に団地管理組合の管理対象となる。

⑤団地建物所有者全員の共有によらない土地や附属施設、団地内の専有部分のある建物は、<u>団地規約</u>を定めて初めて団地管理組合の管理対象となる。

⑥団地規約を定めて団地内の区分所有建物を団地の管理下に置く場合、<u>全ての建物</u>を団地の管理下に置く必要がある。特定の建物の<u>み</u>を管理下に置くことは<u>できない</u>。

⑦<u>管理所有、共用部分の持分割合、敷地利用権の分離処分の禁止、義務違反者に対する措置、復旧・建替え</u>については、団地管理組合の集会で決議することは<u>できない</u>。

⑧一団地内の附属施設たる建物または区分所有建物の専有部分となりうる部分は、<u>団地規約</u>を定めることにより、<u>団地共用部分</u>とすることができる（土地は<u>不可</u>）。

学習日	月 日	月 日	月 日	月 日
正答数	／6	／6	／6	／6

2編

団

地

(1)

過去問＋予想問！ 目標4分で答えよう

❑❑❑ 四筆の土地である甲、乙、丙、丁の上に、それぞれ、建物A（区分所有建物）、建物B（区分所有建物）、建物C（区分所有建物）、建物D（区分所有建物）が存在する場合において、建物Dの中に存在する管理事務室が建物A、建物B、建物C、建物Dの区分所有者全員の共有に属しているときは団地管理組合が成立する。［予想問］　☞①图○

❑❑❑ 一団地内の附属施設たる建物を団地共用部分とする規約の設定は、団地建物所有者及びその議決権の各4分の3以上の多数による集会の決議によってする。［R3-10-4］　☞③图○

❑❑❑ 団地建物所有者全員で共有している土地や附属施設は、団地管理規約を定めて初めて団地管理組合の管理対象となる。［予想問］　☞④图×

❑❑❑ 団地建物所有者全員では共有していない土地や附属施設、団地内の専有部分のある建物は、当然に団地管理組合の管理対象となる。［予想問］　☞⑤图×

❑❑❑ 団地規約を定めて団地内の区分所有建物を団地の管理下に置く場合、特定の建物のみを管理下に置くこともできる。［予想問］　☞⑥图×

❑❑❑ 団地管理組合の集会においては、区分所有法の共同の利益に反する行為の停止等の訴訟を提起するための決議をすることができない。［H21-11-3］　☞⑦图○

17 団 地 ⑵

必ず出る！
基礎知識 目標 **6** 分で覚えよう

1 団地内の特定建物の建替え決議

①特定建物の建替え決議は、団地内の建物の全部または一部が専有部分のある建物である場合に限り、行うことができる。全て戸建ての場合には、決議をすることができない。

②建替えをしようとしている建物について、その建物の建替え決議等が行われていなければ、建替え承認決議をすることができない。

③建替え承認決議は、団地の集会において、議決権の4分の3以上の多数によらなければならない。

④特定建物の建替えが他の団地内建物の建替えに特別の影響を及ぼす場合、建替え承認決議に加え、その他の建物の区分所有者全員の議決権の4分の3以上の賛成を得ていることが必要である。

⑤建替え対象となっている建物の区分所有者は、建替え承認決議については、賛成したものとみなされる。

2 団地内建物の一括建替え決議

⑥一括建替え決議は、団地内の建物の全部が専有部分のある建物である場合に限り、行うことができる。一つでも戸建ての場合には、決議をすることができない。

⑦一括建替え決議において、区分所有者及び議決権の各5分の4以上の賛成に加えて、各棟それぞれの区分所有者及び議決権の各3分の2以上の賛成が必要である。なお、各棟の建替え決議は不要である。

○ **過去問＋予想問！ 目標 4 分で答えよう** ○

(2)

□□□　一筆の敷地上に、甲棟、乙棟、丙棟が存在している。甲棟及び乙棟は戸建て住宅、丙棟は専有部分のある建物であり、また、甲棟の所有者はA、乙棟の所有者はB、丙棟の区分所有者はC、D、Eである。敷地は、A、B、C、D、Eが共有している。この場合において、Bが乙棟を取り壊し、かつ、従前の乙棟の所在地に新たに建物を建築しようとする場合には、団地管理組合の集会において議決権の4分の3以上の多数による承認の決議を得なければならない。
[H30-10-2]　　　　　　　　　　　☞③❷○

□□□　一団地内にA、B及びCの三棟のマンションがある場合、Aマンションの集会において建替え決議に反対した区分所有者は、団地管理組合の集会における建替え承認決議においても、反対の議決権を行使することができる。[H22-11-3]　　☞⑤❷×

□□□　一団地内に専有部分のあるA棟及びB棟の2棟の建物がある。この団地内の建物の一括建替え決議を行おうとする場合、団地建物所有者の集会において、団地内建物の区分所有者及び議決権の各5分の4以上の多数の賛成を得るとともに、A棟及びB棟ごとについて、区分所有者の3分の2以上の者であって議決権の合計の3分の2以上の議決権を有するものが賛成することが必要である。[H28-11-3]　☞⑦❷○

1 マンション建替組合

①マンション建替組合は、必ず法人となる。

②マンション建替組合は、5人以上が共同して定款及び事業計画を定め、都道府県知事等の認可を受けて、設立することができる。

③マンション建替組合の設立の認可を申請しようとする場合は、建替え合意者の4分の3以上の同意を得なければならない。

④マンション建替組合は、建替えに参加しない旨を回答した区分所有者等に対し、区分所有権及び敷地利用権を時価で売り渡すべきことを請求できる。

⑤総会は、総組合員の半数以上の出席がなければ、開くことができない。

⑥建替え決議は、出席者の議決権の過半数で決し、可否同数のときは、議長の決するところによる。

⑦議事は、原則として出席者の議決権の過半数で決する。ただし、定款の変更や事業計画の変更のうち重要な事項等については、組合員の議決権及び持分割合の各4分の3以上で決する。また、権利変換計画認可申請及びその変更をする場合は、組合員の議決権及び持分割合の各5分の4以上で決する。

⑧施行者（建替組合）は、権利変換計画を定め、または変更しようとするときは、審査委員の過半数の同意を得なければならない。

学習日	月　日	月　日	月　日	月　日
正答数	／5	／5	／5	／5

2編

建替え等円滑化法(1)

過去問＋予想問！　目標 **4** 分で答えよう

❏❏❏　建替え合意者は、5人以上共同して、定款及び事業計画を定め、都道府県知事（市の区域内においては市の長）の認可を受けてマンション建替組合を設立することができる。[H18-19-2]　　　　☞②答○

❏❏❏　マンション建替組合の設立の認可を申請しようとする者は、建替組合の設立について、建替え合意者の4分の3以上の同意を得なければならない。[H24-19-1]　　　　☞③答○

❏❏❏　総会は、総組合員の3分の2以上の出席がなければ議事を開くことができず、その議事は、マンション建替え等円滑化法に特別の定めがある場合を除くほか、出席者の議決権の過半数で決し、可否同数のときは、議長の決するところによる。[H26-19-1]

☞⑤⑥答×

❏❏❏　建替組合は、権利変換計画の認可を申請しようとするときは、権利変換計画について、あらかじめ、組合員全員の同意を得なければならない。[H25-19-2]

☞⑦答×

❏❏❏　建替組合は、権利変換計画を定めるときは、審査委員の3分の2以上の同意を得なければならない。[H26-19-4]　　　　☞⑧答×

必ず出る！基礎知識　目標**6**分で覚えよう

1 建替組合の事業

①知事等は、組合設立の認可をしたときは、遅滞なく、設立認可の公告をしなければならない。また、公告を行わなければ、第三者に対抗することができない。

②組合が施行するマンション建替事業に参加することを希望し、かつ、それに必要な資力及び信用を有する者であって、定款で定められた者は、参加組合員として、組合の組合員になることができる。

③マンション建替組合は、その事業に要する経費に充てるため、賦課金として、参加組合員以外の組合員に対して金銭を賦課徴収することができる。

④マンション建替組合は、総会の議決により解散することができる。この議決は、権利変換期日前に限り、行うことができる。

⑤権利変換期日後、マンション建替事業に係る工事のため必要があるときは、占有者に対して明渡しを求めることができる。その期限は、明渡請求日の翌日から起算して30日を経過した後の日である。

2 マンション敷地売却組合

⑥マンション敷地売却組合の設立の認可を申請しようとするマンション敷地売却合意者は、組合の設立について、マンション敷地売却合意者の4分の3以上の同意を得なければならない。

過去問＋予想問！ 目標 **4** 分で答えよう

□□□ 建替組合が設立された際には、その法人登記を行わなければ、第三者に対抗することができない。[H17-21-4] ☞①答×

□□□ 建替組合が施行するマンション建替事業に参加することを希望し、かつ、それに必要な資力及び信用を有する者であって、定款で定められたものは、参加組合員として、建替組合の組合員となる。[H20-19-4] ☞②答○

□□□ 建替組合は、その事業に要する経費に充てるため、賦課金として参加組合員以外の組合員に対して金銭を賦課徴収することができる。[H26-19-3] ☞③答○

□□□ 建替組合は、事業が完成するまでの間であればいつでも、総会の議決により解散することができる。[H21-19-2] ☞④答×

□□□ 建替組合は、権利変換期日後マンション建替事業に係る工事のため必要があるときは、施行マンション又はその敷地（隣接施行敷地を含む。）を占有している者に対し、明渡しの請求をした日の翌日から起算して30日を経過した後の日を期限として、その明渡しを求めることができる。[R01-19-4] ☞⑤答○

□□□ マンション敷地売却組合設立の認可を申請しようとするマンション敷地売却合意者は、組合の設立について、マンション敷地売却合意者の5分の4以上の同意を得なければならない。[H27-19-1] ☞⑥答×

20 被災マンション法

1 全部滅失

①敷地共有者等は、政令施行日から起算して 3 年が経過するまでの間、<u>敷地共有者等集会</u>を開き、<u>管理者</u>を置くことができる。しかし、<u>規約</u>を定めることはできない。

②敷地共有者等の所在を知ることができない場合、集会の招集通知は、<u>敷地内の見やすい場所</u>に掲示して行うことができる。

③敷地共有者等集会において、敷地共有者等の議決権の<u>5分の4</u>以上の多数により、<u>再建決議</u>ができる。

④敷地共有者等集会において、敷地共有者等の議決権の<u>5分の4</u>以上の多数により、<u>敷地売却決議</u>ができる。その際、<u>売却予定相手の氏名・名称</u>と、<u>代金の見込み額</u>を決議で定める。

2 一部滅失（大規模滅失）

⑤区分所有者は、政令施行日から起算して 1 年が経過する日までの間は、<u>区分所有者集会</u>を開くことができる。

⑥区分所有者、議決権及び敷地利用権の持分の価格の<u>各5分の4</u>以上の多数で、<u>建物敷地売却決議</u>ができる。

⑦区分所有者、議決権及び敷地利用権の持分の価格の<u>各5分の4</u>以上の多数で、<u>建物取壊し敷地売却決議</u>ができる。

⑧区分所有者及び議決権の<u>各5分の4</u>以上の多数で、<u>建物取壊し決議</u>ができる。

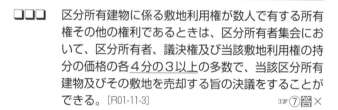

過去問＋予想問！ 目標 **4** 分で答えよう

❑❑❑ 大規模な火災、震災その他の災害で政令で定めるものにより区分所有建物の全部が滅失した場合において、区分所有建物に係る敷地利用権が数人で有する所有権その他の権利であったときに、その権利を有する者は、政令の施行の日から起算して3年が経過する日までの間は、集会を開き、<u>規約を定め</u>、及び管理者を置くことができる。[H29-11-1]　☞①答×

❑❑❑ 敷地共有者等が所在不明となっている場合に、敷地共有者等集会の招集の通知をするためには、民法第98条に定める<u>公示送達</u>による方法（裁判所の掲示場に掲示し、かつ、その掲示があったことを官報に掲載する方法）<u>によらなければならない</u>。[R4-10-4]　☞②答×

❑❑❑ 区分所有建物に係る敷地利用権が数人で有する所有権その他の権利であるときは、区分所有者集会において、区分所有者、議決権及び当該敷地利用権の持分の価格の各<u>4分の3</u>以上の多数で、当該区分所有建物及びその敷地を売却する旨の決議をすることができる。[R01-11-3]　☞⑦答×

❑❑❑ マンションの建物の一部が滅失した場合における建物の「取壊し決議」は、区分所有者集会において、区分所有者、議決権及び敷地利用権の持分の価格の各<u>5分の4</u>以上の多数でしなければならない。[H26-11-4]　☞⑧答×

第3編

マンション
標準管理規約

1 専有部分と共用部分

1 専有部分の範囲

①区分所有権の対象となる専有部分は、住戸番号を付した住戸である。

②天井・床・壁は、躯体部分を除く部分（上塗り仕上げ部分等）が専有部分となる。

③玄関扉は、錠及び内部塗装部分が専有部分となる。

④窓枠や窓ガラスは、専有部分に含まれず、共用部分となる。

⑤専有部分の専用に供される設備のうち、共用部分にある部分以外のものは、専有部分となる。

2 共用部分の範囲

⑥パイプスペースは、専有部分に属しない建物の部分である。

⑦メーターボックスは、専有部分に属しない建物の部分である。ただし、メーターボックス内の給湯器ボイラーは、専有部分である。

⑧給水管については、本管から各住戸メーターを含む部分までが共用部分である。

⑨雑排水管及び汚水管については、配管継手及び立て管が共用部分である。

⑩インターネット通信設備及び集合郵便受箱は、専有部分に属しない建物の附属物に該当し、共用部分である。

学習日	月　日	月　日	月　日	月　日
正答数	／8	／8	／8	／8

過去問＋予想問！ 目標 4 分で答えよう

❏❏❏ 標準管理規約（単棟型）によれば、区分所有権の対象となる専有部分は、住戸番号を付した住戸とする。[H13-12-1] ☞①答○

❏❏❏ 天井、床及び壁は、躯体の中心線から内側が専有部分である。[予想問] ☞②答×

❏❏❏ 標準管理規約によれば、窓枠及び窓ガラスは専有部分とされているので、当該部分の工事費用は、長期修繕計画に計上してはならない。[H14-36-1] ☞④答×

❏❏❏ パイプスペースとメーターボックスは、専有部分である。ただし、メーターボックス内の給湯器ボイラーは共用部分である。[予想問] ☞⑥⑦答×

❏❏❏ 給水管については、本管から各住戸メーターを含む部分までが共用部分である。[予想問] ☞⑧答○

❏❏❏ 雑排水管及び汚水管については、配管継手及び立て管が共用部分である。[予想問] ☞⑨答○

❏❏❏ インターネット通信設備は、専有部分に属しない建物の附属物に該当し、共用部分である。[予想問] ☞⑩答○

❏❏❏ 集合郵便受箱は、専有部分に属しない建物の附属物に該当し、共用部分である。[予想問] ☞⑩答○

1 共有持分

①敷地及び共用部分等は、区分所有者の共有とされ、その持分は、専有部分の床面積の割合による。

②標準管理規約では、共用部分の共有持分の割合の基準となる面積は、壁芯計算による。

2 分割請求・単独処分の禁止

③区分所有者は、敷地または共用部分等の分割を請求することはできない。

④区分所有者は、専有部分と敷地及び共用部分等の共有持分とを分離して譲渡・抵当権設定等の処分をしてはならない。ただし、住戸を他の区分所有者または第三者に貸与することは、この禁止にはあたらない。

⑤倉庫または車庫については、他の区分所有者に譲渡する場合を除き、住戸と倉庫または車庫とを分離して譲渡・抵当権設定等の処分をしてはならない。

3 敷地・共用部分等の用法

⑥区分所有者は、敷地及び共用部分等をそれぞれの通常の用法に従って使用しなければならない。通常の用法の具体的内容については、使用細則で定める。

4 敷地・共用部分の第三者の使用

⑦管理組合は、総会の決議を経て、敷地及び共用部分等を第三者に使用（広告塔・看板・携帯電話基地局等）させることができる。

学習日	月 日	月 日	月 日	月 日
正答数	／5	／5	／5	／5

過去問＋予想問！ 目標 **4** 分で答えよう

3編

敷地及び共用部分等

❑❑❑ 標準管理規約によれば、敷地及び共用部分等は、区分所有者の共有とされ、その持分は<u>平等と推定される</u>。[予想問]　　　☞①答✕

❑❑❑ 標準管理規約によれば、区分所有者は、住戸を他の区分所有者又は第三者に<u>貸与してはならない</u>。[予想問]　　　☞④答✕

❑❑❑ 標準管理規約によれば、車庫が専有部分となっている場合において、住戸と車庫とを分離して譲渡してはならない。ただし、他の区分所有者に譲渡する場合においては、この限りではない。[予想問]
☞⑤答○

❑❑❑ 区分所有者は、敷地及び共用部分等をそれぞれの通常の用法に従って使用しなければならない。通常の用法の具体的内容については、使用細則で定めるものとする。[予想問]　　　☞⑥答○

❑❑❑ 携帯電話基地局設置の申入れがあったため、敷地の一部を電信電話会社に賃貸することは、総会の決議を経て行うことができる。[予想問]　　　☞⑦答○

3 用 法

1 専有部分の用途

①区分所有者は、その専有部分を<u>もっぱら住居</u>として使用するものとし、他の用途に使用してはならない。

2 住宅宿泊事業（民泊）

②専有部分を住宅宿泊事業に使用することが可能か不可能かは、<u>規約</u>で定める。

③住宅宿泊事業を禁止する際には、<u>住宅宿泊事業法</u>に基づく住宅宿泊事業を禁止する旨を明確にする必要がある。

3 専用使用権

④専用使用権は、管理のため必要がある範囲内において、他の者の<u>立入り</u>を受けることがある等の制限を伴う。

⑤１階に面する庭について専用使用権を有している者は、管理組合に<u>専用使用料</u>を納入しなければならない。

⑥バルコニー及び屋上テラスが全ての住戸に附属しているのではない場合、別途<u>専用使用料</u>の徴収について規定してもよい。

4 駐車場の使用

⑦区分所有者が自己の専有部分を、他の区分所有者または第三者に<u>譲渡</u>または<u>貸与</u>したときは、その区分所有者の駐車場使用契約は、効力を失う。

⑧管理費・修繕積立金の滞納等の規約違反がある場合、<u>駐車場使用契約を解除</u>できるか、次回の選定時の<u>参加資格を剥奪</u>できる旨の規定を定めることができる。

⑨<u>車両の保管責任</u>については管理組合が負わない旨を規定することが望ましい。

学習日	月　日	月　日	月　日	月　日
正答数	／5	／5	／5	／5

過去問＋予想問！ 目標 **4** 分で答えよう

3編

用

法

❏❏❏ 標準管理規約によれば、専有部分の用途は、<u>共同利益違反行為を除き、区分所有者の自由である</u>としている。[予想問]　　　　　　　　　　☞①答✕

❏❏❏ 規約に「その専有部分をもっぱら住宅として使用する」という記述のみでは民泊の利用を禁止したことにはならず、民泊を禁止する際には、規約に「住宅宿泊事業法に基づく住宅宿泊事業を禁止する」旨を明確にする必要がある。[予想問]　　　☞②③答○

❏❏❏ 専用使用権が設定されていなかった屋上テラスに面する住戸の区分所有者に、屋上テラスの専用使用を認め、専用使用料を徴収するものとすると<u>規約に定めることはできない</u>。[H18-26-3]　　☞⑥答✕

❏❏❏ 組合員は、専有部分の賃貸をする場合には、組合員が管理組合と駐車場使用契約を締結し自らが使用している駐車場を、引き続きその賃借人に使用させることはできない。[R2-25-2]　　　　　☞⑦答○

❏❏❏ 駐車場使用契約には、管理費、修繕積立金の滞納等の規約違反の場合は、次回の選定時の参加資格を剥奪することができる旨の規定を設けることができる。[H26-27-1]　　　　　　　　　　　☞⑧答○

1 申請・承認を要する修繕等

①区分所有者は、専有部分について、修繕等であって共用部分または他の専有部分に影響を与えるおそれのあるものを行おうとするときは、あらかじめ、理事長にその旨を申請し、書面による承認を受けなければならない。

②区分所有者は、申請の際、設計図・仕様書・工程表を添付した申請書を理事長に提出しなければならない。

③理事長は、申請について、理事会の決議により、その承認または不承認を決定しなければならない。その決議は、理事の過半数の承諾があれば、書面または電磁的方法により行うことができる。

④承認の判断に際して、調査等により特別の費用がかかる場合には、申請者に負担させることが適当である。

⑤老朽化等により、近い将来に建替えが想定される場合、その旨の注意喚起を行うことが望まれる。

2 承認を要しない修繕等

⑥承認を要しない修繕等であっても、資材搬入・騒音・振動・臭気等について、管理組合が事前に把握する必要のあるものを行う場合は、あらかじめ理事長にその旨を届け出なければならない。

3 調　査　等

⑦理事長またはその指定を受けた者は、必要な範囲内において、修繕等の箇所に立ち入り、必要な調査を行うことができる。区分所有者は、正当な理由がなければ、これを拒否してはならない。

学習日	月　日	月　日	月　日	月　日
正答数	／6	／6	／6	／6

過去問＋予想問！ **目標 4 分で答えよう**

3編
専有部分の修繕等

❑❑❑ 主要構造部にエアコンを直接取り付けようとする場合には、あらかじめ、理事長にその旨を届け出ることにより、実施することができる。[R01-25-3]

☞①答✕

❑❑❑ 専有部分の間取りを変更しようとする場合には、理事長への承認の申請書に、設計図、仕様書及び工程表を添付する必要がある。[R01-25-2]　☞①②答○

❑❑❑ 区分所有者Aから水道管の枝管の取替え工事につき承認申請があった場合には、理事長は、自らの判断でその承認をすることができる。[H17-27-2] ☞③答✕

❑❑❑ 区分所有者Aが修繕等につき理事長に承認を申請した場合において、これを承認するかどうかの調査に特別な費用を要するときは、理事長は、Aにその費用を負担させることができる。[H17-27-1]　☞④答○

❑❑❑ 専有部分の床をフローリング仕様に変更しようとして理事長への承認の申請をする場合、承認の判断に際して調査等により特別な費用がかかるときは、申請者に負担させることが適当である。[R01-25-4]

☞④答○

❑❑❑ 専有部分のユニットバス設置工事の実施について、理事長の指定するマンション管理士がその状況を調査するために設置工事等の箇所への立入りを請求した場合において、区分所有者は、正当な理由がない限りこれを拒否できない。[H21-30-2]　☞⑦答○

5 管理 (1)

1 敷地及び共用部分等の管理

①バルコニー等の保存行為のうち、通常の使用に伴うもの（例賃借人等による破損）については、専用使用権を有する者が行わなければならない。

②バルコニー等の保存行為のうち、通常の使用に伴わないもの（例第三者の犯罪行為による破損）は、管理組合がその責任と負担において行う。

③バルコニー等の管理のうち、計画修繕等（例手すりの補修塗装工事）に関しては、管理組合がその責任と負担において行わなければならない。

④専有部分である設備のうち、共用部分と構造上一体となった部分（例配管・配線）の管理を、共用部分の管理と一体として行う必要がある場合、総会の普通決議を経て、管理組合が行うことができる。

⑤管理組合が管理を行う場合、費用は管理費を充当できるが、配管の取替え等に要する費用のうち専有部分にかかるものは、各区分所有者が実費に応じて負担するべきとされている。長期修繕計画に取替えについて記載し、規約で規定すれば、修繕積立金から工事費を拠出することもできる。

⑥区分所有者は、通常の使用に伴うもの及び理事長に申請して承認を受けたものを除き、敷地・共用部分等の保存行為を行うことはできない。ただし、専有部分の使用に支障が生じ、緊急を要する場合は、承認を得ずに行うことができる。

学習日	月　日	月　日	月　日	月　日
正答数	／4	／4	／4	／4

過去問＋予想問！ 目標 **4** 分で答えよう

❏❏❏ 専用使用権が設定されているバルコニーの手すりの経年劣化に対し補修塗装を要する場合、専用使用権者の責任と負担においてこれを行わなければならない。[H20-29-3]　　☞③答×

❏❏❏ 標準管理規約を採用している管理組合において、給水管の更新工事に際し、共用部分である本管と専有部分である枝管の工事を一体として行う場合には、規約をその旨変更した上で当該工事を実施する必要がある。[R01-26-1]　　☞④答×

❏❏❏ 地震により、足場の固定が不完全であった専有部分内の貯湯式電気温水器が転倒し、給水管（枝管）との接合部分の破断により漏水事故が発生した。これに対して「転倒した温水器と給水管との破断した接合部分の取替えに要する費用について、修繕積立金から支弁して欲しいとの要望があります。理事会の決議を経ればこれには応じることができます」という理事の発言は適切である。[H24-27-2]　☞⑤答×

❏❏❏ 台風で住戸の窓ガラスが割れた場合には、専有部分への雨の吹き込みを防ぐため、当該専有部分の区分所有者は、理事長の承認を受けなくても、割れたものと同様の仕様の窓ガラスに張り替えることができる。[H28-28-2]　　☞⑥答○

6 管 理 ⑵

1 必要箇所への立入り

①管理者は、管理を行うために必要な範囲内において、他の者が管理する専有部分または専用使用部分への立入りを請求することができる。

②立入りを請求された者は、正当な理由がなければ、これを拒否してはならない。

③正当な理由なく立入りを拒否した者は、その結果生じた損害を賠償しなければならない。

④理事長は、災害・事故等が発生した場合であって、緊急に立ち入らなければならない事情があるときは、専有部分または専用使用部分に自ら立ち入り、または委任した者に立ち入らせることができる。

⑤緊急時に専有部分や専用使用部分に立入りをした者は、速やかに立入りをした箇所を原状に復さなければならない。

2 損害保険

⑥区分所有者は、共用部分等に関し、管理組合が火災保険、地震保険その他の損害保険の契約を締結することを承認する。

⑦理事長は、損害保険の契約に基づく保険金額の請求及び受領について、区分所有者を代理する。

学習日	月 日	月 日	月 日	月 日
正答数	／4	／4	／4	／4

過去問＋予想問！ 目標 **4** 分で答えよう

❏❏❏ 管理者は、管理を行うために必要な範囲内において、他の者が管理する専用使用部分への立入りを請求することができるが、専有部分への立入りは認められていない。[予想問]　　　　　☞①答×

❏❏❏ 管理者は、管理を行うために必要な範囲内において、他の者が管理する専有部分または専用使用部分への立入りを請求することができる。立入りを請求された者は、正当な理由がない限り、これを拒否してはならない。また、正当な理由なく拒否した者は、その結果生じた損害を賠償しなければならない。[予想問]　　　　　☞②③答○

❏❏❏ 理事長は、災害や事故等により緊急に立ち入らないと共用部分等又は他の専有部分に対して物理的に又は機能上重大な影響を与えるおそれがあるときは、専有部分又は専用使用部分について、立ち入ることができるが、原状回復義務を負う。[H28-4-ウ]　　　　　☞④⑤答○

❏❏❏ 落雷により共用部分である電気設備について生じた損害について、管理組合が締結していた損害保険契約に基づき保険金額を請求し、受領するには、理事長は、理事会の決議を経なければならない。[H22-31-3]　　　　　☞⑦答×

1 管理費等

①区分所有者は、敷地及び共用部分等の管理に要する経費に充てるため、管理費と修繕積立金を管理組合に納入しなければならない。

②管理費等の額については、各区分所有者の共用部分の共有持分に応じて算出する。使用頻度等は勘案しない。

③管理費は、通常の管理に要する経費に充当する。

　例共用設備の保守維持費及び運転費・火災保険料・損害保険料・管理組合の運営に要する費用

④修繕積立金は、特別の管理に要する経費に充当する。

　例一定年数の経過ごとに計画的に行う修繕・不測の事故その他特別な理由により必要となる修繕

⑤修繕積立金は、管理費と区分して経理しなければならない。

2 使 用 料

⑥駐車場使用料その他の敷地及び共用部分等に係る使用料は、それらの管理に要する費用に充てるほか、修繕積立金として積み立てる。

3 コミュニティ活動に関する費用

⑦自治会・町内会等への加入を希望しない者からは、自治会費・町内会費等の徴収を行わない。

⑧一部の者のみに対象が限定されるクラブやサークル活動費、親睦を目的とする飲食の経費等を管理費から支出するのは、不適切である。

学習日	月 日	月 日	月 日	月 日
正答数	／4	／4	／4	／4

過去問＋
予想問！ 目標 **4** 分で答えよう

❏❏❏ 組合員の管理費に滞納が生じた場合の措置について、理事長から相談を受けたマンション管理士が行った「組合員が所有している専有部分を賃貸に供し、賃貸借契約で賃借人が管理費を負担する旨が規定されているときであっても、滞納管理費の請求は区分所有者に対して行います」という助言は、<u>適切ではない</u>。[H28-33-2]　　　　　☞①答×

❏❏❏ 管理費等の額については、各区分所有者の共用部分の共有持分に応じて算出するものとし、使用頻度等は勘案しない。[H30-25-4]　　　　　☞②答○

❏❏❏ 通常総会を5月に開催している甲マンション管理組合の今年度の収支予算において、経常的な補修費については管理費会計に、建物の建替え等にかかる合意形成に必要となる事項の調査費については修繕積立金会計に、それぞれ計上していることは、適切である。[H25-34-3]　　　　　☞③④答○

❏❏❏ マンションの駐車場に関し、マンション管理士が理事会で行った「今後、駐車場に空き区画が出るようになった場合、組合員以外の方に外部貸しする方法がありますが、その駐車場使用料収入は、駐車場の管理に要する費用に充当した後に<u>管理費全体の不足額に充当することができる</u>ため、管理費不足への対策として有効な方法です」という助言は、<u>適切である</u>。[H28-25-1]　　　　　☞⑥答×

1 長期修繕計画の作成

①管理組合が作成する長期修繕計画は、計画期間が30年以上で、かつ大規模修繕工事が2回含まれる期間以上とする必要がある。

②計画修繕の対象となる工事としては、外壁補修・屋上防水・給排水管取替え・窓及び玄関扉等の開口部の改良等があげられる。部位ごとに修繕周期・工事金額等が定められている必要がある。

③長期修繕計画の内容については、定期的な(おおむね5年ごとに)見直しをすることが必要である。

④管理組合は、長期修繕計画の作成・変更及び修繕工事の実施の前提として、劣化診断(建物診断)を併せて行う必要がある。

2 劣化診断(建物診断)の費用の支出

⑤長期修繕計画の作成・変更に要する経費及び長期修繕計画の作成等のための劣化診断(建物診断)に関する経費は、管理費または修繕積立金のどちらからでも充当できる。

⑥修繕工事の前提としての劣化診断(建物診断)に要する経費は、修繕工事の一環としての経費であるため、原則として修繕積立金から取り崩す。

学習日	月　日	月　日	月　日	月　日
正答数	／6	／6	／6	／6

3編
管理組合(1)

❏❏❏ 「長期修繕計画の作成にあたっては、計画期間が20年程度以上であること。新築時では、計画期間を25年程度にすることが望ましいとされています」というマンション管理士の説明は、適切である。[予想問]　☞①答×

❏❏❏ 「工事金額等については、今後変動することが予想されるので、現段階の計画に盛り込むべきではない」というマンション管理士の説明は、適切である。[予想問]　☞②答×

❏❏❏ 長期修繕計画の内容については、おおむね10年ごとに見直しをする必要がある。[予想問]　☞③答×

❏❏❏ 長期修繕計画の見直しを行う前提として、管理組合として劣化診断（建物診断）を併せて行う必要がある。[H23-27-1]　☞④答○

❏❏❏ 長期修繕計画の見直しに要する経費の充当については、修繕積立金から取り崩さなければならない。[H23-27-4]　☞⑤答×

❏❏❏ 修繕工事を前提とする建物劣化診断費用の支払に充てるため、修繕積立金を取り崩した。これは、標準管理規約によれば、適切ではない。[R2-27-エ]　☞⑥答×

9 管理組合(2)

1 役 員

①理事・監事は、組合員の中から、総会で選任する。組合員であればよく、当該マンションに居住しているか否かは問わない。

②理事長・副理事長・会計担当理事は、理事の中から理事会で選任する。理事会の決議によらずに、選任された理事の間で各理事の役職を決定することはできない。

③役員を組合員の中からのみ選任する場合、役員が組合員でなくなったときは、その地位を失う。

④外部専門家を役員として選任できることとする場合、選任の時に組合員であった役員が組合員でなくなったときは、その役員はその地位を失う。

2 役員の欠格要件

⑤精神機能の障害により役員の職務を適正に施行するのに必要な認知・判断・意思疎通を適切に行うことができない者、破産者で復権を得ない者は、役員になれない。

⑥禁錮以上の刑に処せられ、その執行を終わり、またはその執行を受けることがなくなった日から5年を経過しない者は、役員となることができない。

⑦暴力団員等(暴力団員、または暴力団員でなくなった日から5年を経過しない者)は、役員となることができない。

3 利益相反行為

⑧役員が利益相反行為をしようとするときは、理事会において、当該取引につき重要な事実を開示し、その承認を受けなければならない。

過去問＋予想問！ **目標 4 分で答えよう**

❑❑❑ 甲マンション管理組合のA理事が死亡し、同居する配偶者B及び甲マンション以外に居住する子CがAの区分所有権を共同相続した場合、規約に別段の定めを置かなくても、総会で甲マンション以外に居住するCを理事に選任することができる。[H24-31-4]

☞①答○

❑❑❑ 理事長が、監事が組合員でなくなったことからその地位を失ったところ、次期役員が選任される通常総会まであと2か月の時期に、理事の一人を監事に交替させたことは適切である。[H25-31-2]　☞①答×

❑❑❑ 理事の選任は総会の決議によるものとし、選任された理事の間で各理事の役職を決定する。[H29-26-エ]

☞①②答×

❑❑❑ 暴力団の排除について規約を定める場合、暴力団員又は暴力団員でなくなった日から2年を経過しない者は役員にはなれないとすることは、適切である。
[H28-27-2]　☞⑦答×

❑❑❑ 管理組合が、理事長が代表取締役を務める施工会社と共用部分の補修に係る工事請負契約を締結しようとする場合において、理事長がその利益相反取引に関し、理事会を招集し承認を受けようとすることについて、マンション管理士が役員に対して行った「理事長がこの理事会で承認を受けるには、当該取引について重要な事実の開示が必要です」という助言は、適切ではない。[H28-30-1]　☞⑧答×

1 理　　事

①理事長は、理事会の承認を得て、職員を採用・解雇することができる。

②理事長は、通常総会において、組合員に対し、前年度会計における管理組合の業務の執行に関する報告をしなければならない。

③理事長は、理事会の承認を受けて、他の理事に、その職務の一部を委任することができる。

④管理組合と理事長との利益が相反する事項については、理事長は代表権を有しない。この場合、監事または理事長以外の理事が管理組合を代表する。

⑤副理事長は、理事長を補佐し、理事長に事故があるときはその職務を代理し、理事長が欠けたときはその職務を行う。

2 監　　事

⑥監事は、管理組合の業務の執行及び財産の状況を監査し、その結果を総会に報告しなければならない。

⑦監事は、管理組合の業務の執行及び財産の状況について不正があると認めるときは、臨時総会を招集することができる。その際、理事長の承認は不要である。

⑧監事は、理事会に出席し、必要があると認めるときは、意見を述べなければならない。ただし、監事が出席しなかったとしても、理事会決議等の有効性には影響しない。

学習日	月 日	月 日	月 日	月 日
正答数	／4	／4	／4	／4

過去問＋予想問！ 目標 4 分で答えよう

❑❑❑ 職員の採用又は解雇を行うことは、総会の決議によらず、理事長が理事会の承認のみで行うことができる。[H24-29- ア]　　　　　　　☞①答○

❑❑❑ 理事長が、理事会の承認を得て、総会における事務報告の一部を会計担当理事に委任し、報告させたことは、適切である。[H25-31-1]　　　　　☞③答○

❑❑❑ 管理組合が、理事長が代表取締役を務める施工会社と共用部分の補修に係る工事請負契約を締結しようとする場合において、理事長がその利益相反取引に関し、理事会を招集し承認を受けようとすることについて、マンション管理士が役員に対して行った「理事会の承認が得られても、理事長は当該取引では代表権を有しないので、監事か他の理事が、管理組合を代表して契約することになります」という助言は、適切ではない。[H28-30-2]　　　☞④答×

❑❑❑ 管理者である理事長に管理費等の横領などの不正の疑いがあり、かつ、通常総会の招集すらしないので、他の役員や組合員は、理事長を解任する方法を検討している。この場合において、監事が、臨時総会を招集して、理事長の不正について報告し、その総会において理事長の解任の方法について検討することができる。[H19-29-3]　　　　　☞⑦答○

11 総　会 ⑴

1 総　会

①理事長は、通常総会を毎年 1 回、新会計年度開始以後 2 か月以内に招集しなければならない。

②理事長は、必要と認める場合には、理事会の決議を経て、いつでも臨時総会を招集することができる。

③総会の議長は、理事長が務める。

2 招集手続と決議事項

④総会を招集するには、少なくとも会議を開く日の 2 週間前（会議の目的が建替え決議またはマンション敷地売却決議の場合は 2 か月前）に、会議の日時・場所・目的を示して、組合員に通知を発しなければならない。

⑤緊急の場合には、理事長は、理事会の承認を得て、5 日間を下回らない範囲で通知期限を短縮できる。

⑥組合員が、組合員総数の 5 分の 1 以上及び議決権総数の 5 分の 1 以上に当たる組合員の同意を得て、会議の目的を示して総会の招集をした場合、理事長は、2 週間以内に、その請求があった日から 4 週間以内の日を会日とする臨時総会の招集の通知を発しなければならない。

⑦理事長が上記⑥の通知を発しない場合、招集請求をした組合員は、臨時総会を招集することができる。

⑧建替え決議またはマンション敷地売却決議を目的とする総会を招集する場合、少なくとも会議を開く日の 1 か月前までに、当該招集の際に通知すべき事項について組合員に対し説明を行うための説明会を開催しなければならない。

学習日	月 日	月 日	月 日	月 日
正答数	／4	／4	／4	／4

過去問＋予想問！ **目標 4 分で答えよう**

3編

総

会

(1)

❏❏❏ 理事長は、通常総会を、毎年1回新会計年度が開始された後3か月以内に招集しなければならない。
[H18-28-1]　　　　　　　　　　　　☞①答×

❏❏❏ 理事長は、緊急を要する場合には、理事会の承認を得て、5日を下回らない範囲において、総会の招集の通知を発することができる。[H18-28-2]　☞⑤答〇

❏❏❏ 組合員が理事長に対し、組合員総数及び議決権総数の5分の1以上に当たる組合員の同意を得て、監事の解任を目的とする集会の招集を請求した場合において、総会招集通知を発するには、理事長は、理事会の議を経なければならない。[H22-31-1]　☞⑥答×

❏❏❏ 管理組合の理事長から、総会の運営に関する助言を求められたマンション管理士が行った「建替え決議又はマンション敷地売却決議を目的とする総会を招集する場合には、少なくとも総会開催日の1か月前までに、招集の際に通知すべき事項について、組合員に対し、説明会を開催する必要があります。」という発言は、適切ではない。[H27-28-3]　☞⑧答×

1 出席資格

①組合員のほか、理事会が必要と認めた者(例マンション管理業者・マンション管理士)は、総会に出席することができる。

②区分所有者の承諾を得て専有部分を占有する者(借主)は、会議の目的につき利害関係を有する場合には、総会に出席して意見を述べることができる。この場合において、当該借主は、あらかじめ理事長にその旨を通知しなければならない。

2 議決権

③住戸1戸が数人の共有に属する場合、その議決権行使については、これら共有者を合わせて一の組合員とみなす。

④一の組合員とみなされる者は、議決権を行使する者1名を選任し、総会開会までに、あらかじめ理事長にその者の氏名を届け出なければならない。

⑤組合員は、書面または代理人によって議決権を行使することができる。

⑥組合員が代理人により議決権を行使しようとする場合、その代理人は、その組合員の配偶者または1親等の親族、その組合員の住戸に同居する親族、他の組合員でなければならない。

⑦組合員または代理人は、代理権を証する書面を理事長に提出しなければならない。

過去問＋
予想問! **目標 4 分で答えよう**

3編

総

会

(2)

□□□ 総会の議案の内容に応じて、組合員以外の者が総会に出席することを認めるか否かを決定することは、理事会の権限で行うことができる。[H17-31-4]
☞①答○

□□□ 賃借人は、会議の目的につき利害関係を有するときは、総会に出席して意見を述べることができる。この場合において、当該賃借人はあらかじめ理事長からその旨の<u>承諾</u>を得ておかなければならない。[R3-26-4]
☞②答×

□□□ 管理組合の理事長から、総会の運営に関する助言を求められたマンション管理士が行った「組合員総数及び議決権総数の各4分の3以上で決する決議において組合員総数を計算する場合、1人の組合員が複数の住戸を所有しているときも、数人の組合員が一戸の住戸を共有しているときも、組合員は1人と計算します」という発言は、<u>適切ではない</u>。[H27-28-4]
☞③答×

□□□ 組合員が代理人によって議決権を行使する場合において、その組合員の住居に同居する親族を代理人として定めるときは、二親等の親族を代理人とすることができる。[H29-28-ウ]
☞⑥答○

□□□ 組合員が総会で代理人により議決権を行使する場合において、その住戸の賃借人は、当該代理人の範囲には含まれない。[R2-25-1]
☞⑥答○

13 総 会 ③

1 総会の会議及び議事

①総会の会議は、議決権総数の<u>半数以上</u>を有する組合員が出席しなければならない。

②総会の議事は、出席組合員の議決権の<u>過半数</u>で決する。

③規約の設定・変更・廃止は、組合員総数及び議決権総数の<u>各4分の3</u>以上で決する。

④規約の設定・変更・廃止が一部の組合員の権利に特別の影響を及ぼすときは、その<u>承諾</u>を得なければならない。この場合において、その組合員は、<u>正当な理由</u>がなければ、これを拒否してはならない。

⑤敷地及び共用部分の変更が、専有部分または専用使用部分の使用に<u>特別の影響</u>を及ぼすべきときは、その専有部分を所有する組合員またはその専用使用部分の専用使用を認められている組合員の<u>承諾</u>を得なければならない。この場合において、その組合員は、<u>正当な理由</u>がなければ、これを拒否してはならない。

⑥窓枠・窓ガラス・玄関扉等の一斉交換工事や、不要となった高置水槽の撤去工事などは、<u>普通決議</u>により実施可能と考えられる。

⑦エレベーターを新たに設置する工事については、<u>特別多数決議</u>により実施可能と考えられる。

⑧集会室・駐車場・駐輪場の増改築工事で、大規模なものや著しい加工を伴うものは、<u>特別多数決議</u>により実施可能と考えられる。

学習日	月　日	月　日	月　日	月　日
正答数	／3	／3	／3	／3

過去問＋
予想問！　**目標 4 分で答えよう**

❑❑❑　総戸数50戸の甲マンション管理組合の理事長Aが
総会を招集したところ、会日の前日までに出席の回
答をした組合員はAを含め9名、委任状提出者は6
名であったので、Aは、出欠の意思表示がなされて
いない4名の組合員に電話をして出席の約束を取り
付け、他の理事にも同様の働きかけを依頼した。こ
の総会が成立するため、他の理事が出席の約束を取
り付け、又は委任状を集める必要がある最少の議決
権数は、6個である。ただし、甲の規約には、住戸
1戸につき1個の議決権を有すると定められており、
出席の意思表示をした者は総会に出席するものとす
る。[H16-26-2]　　　　　　　　　　　　☞①答○

❑❑❑　甲マンション管理組合とAマンション管理会社との
間で管理委託契約を締結している場合、管理委託契
約を解約する議案について、賛成者が反対者を上回
ったとしても、棄権が多く、出席組合員の議決権の
過半数を得ていない場合は、甲は、管理委託契約を
解約することはできない。[H15-33-1]　　☞②答○

❑❑❑　不要になった高置水槽を撤去する工事は、総会に出
席した組合員の議決権の過半数の決議により実施で
きる。[H17-30-ウ]　　　　　　　　　　　☞⑥答○

14 総会 (4)

1 議決事項

①総会では、招集通知により<u>あらかじめ通知</u>した事項についてのみ決議することができる。

②<u>管理費等及び使用料の額並びに賦課徴収方法</u>については、総会の決議を経なければならない。

③<u>規約及び使用細則等の制定・変更・廃止</u>については、総会の決議を経なければならない。

④<u>長期修繕計画の作成・変更</u>については、総会の決議を経なければならない。

⑤<u>特別の管理の実施</u>並びにそれに充てるための資金の<u>借入れ及び修繕積立金の取崩し</u>については、総会の決議を経なければならない。

2 議事録の作成・保管等

⑥<u>議長</u>は、総会の議事について、書面または電磁的記録により<u>議事録を作成</u>しなければならない。

⑦議事録には、議事の経過の要領及びその結果を記載し、<u>議長及び議長の指名する2名の総会に出席した組合員</u>が、これに署名をしなければならない。

⑧<u>理事長</u>は、議事録を<u>保管</u>し、組合員または利害関係人の<u>書面または電磁的記録による請求</u>があったときは、議事録の閲覧をさせなければならない。この場合において、閲覧につき、相当の日時、場所等を指定することができる。

⑨<u>理事長</u>は、所定の掲示場所に、議事録の保管場所を掲示しなければならない。

学習日	月　日	月　日	月　日	月　日
正答数	／4	／4	／4	／4

過去問＋
予想問！ 目標 **4** 分で答えよう

3編

総

会

(4)

❏❏❏ 「大規模修繕工事の実施・玄関の階段への車椅子用スロープの併設・共用廊下等への手すりの設置・これらの費用についての修繕積立金の取崩し」を議題とする総会が開催され、その席上、組合員から出た高齢者対策のみでなく、盗難防止対策こそ急を要するものであり、玄関等に防犯カメラを設置すべきであるという意見は、議長が取り上げてその総会に諮らなければならない。[H19-28-1]　　　　☞①答✕

❏❏❏ 使用細則を変更することは、総会の決議によらず、理事長が理事会の承認又は決議のみで行うことができる。[H24-29-カ]　　　　☞③答✕

❏❏❏ 組合員総数の5分の1以上及び議決権総数の5分の1以上に当たる組合員の同意を得て、組合員Aが防犯カメラの設置を目的として臨時総会の招集を理事長に請求した。この場合、臨時総会の議事録は、議長が作成・保管し、所定の掲示場所に保管場所を掲示しなければならない。[H20-30-4]　　　　☞⑥⑨答✕

❏❏❏ 組合員から専有部分を賃借している者が、総会の議事録について、書面による閲覧請求をしてきた場合には、閲覧につき、相当の日時及び場所を指定することができる。[H26-32-4]　　　　☞⑧答○

15 理事会(1)

1 理　事　会

①緊急を要する場合、理事長は、理事及び監事の全員の同意を得て、5日間を下回らない範囲で理事会の招集期間を短縮できる。また、理事会で、理事会の招集手続について別段の定めをすることもできる。

②理事会は、理事の半数以上が出席しなければ開くことができず、その議事は出席理事の過半数で決する。

③理事会には、理事本人が出席して議決権を行使するのが原則である。規約において理事の代理出席を認める旨の明文規定がない場合、これを認めることは適当でない。

④理事に事故があり、理事会に出席できない場合は、その配偶者・1親等の親族に限り代理出席を認める旨の規約の定めは、有効である。ただし、外部専門家の理事については、代理出席を認めるのは不適当である。

⑤議決権行使書による議決権の行使は、規約の明文の規定で定めることが必要である。

⑥理事の過半数の承諾がある場合、専有部分の修繕、敷地及び共用部分の保存行為、窓ガラス等の改良工事に関するものは、例外的に書面または電磁的方法で決議をすることができる。

⑦理事会の決議について特別の利害関係を有する理事は、議決に加わることができない。

2 議　事　録

⑧理事長には、理事会の議事録の保管場所を掲示する義務はない。

学習日	月 日	月 日	月 日	月 日
正答数	／5	／5	／5	／5

過去問＋予想問！ 目標 **4** 分で答えよう

3編

理事会(1)

❏❏❏ 緊急を要する場合において、理事の過半数の承諾があれば、理事長は、会日の5日前に理事会の招集通知を発することにより、理事会を開催することができる。[R3-27-4] ☞①答×

❏❏❏ 理事会に理事長及び副理事長のいずれもが欠席した場合には、理事の半数が出席した場合であっても、その理事会を開催することはできない。[R3-27-1] ☞②答×

❏❏❏ 管理組合における代理行為又は代理人に関し、マンション管理士が行った「外部専門家を理事に選任している場合には、その理事に事故があるときでも理事会への代理出席を認めるべきではありません」という助言は、適切である。[H28-31-2] ☞④答○

❏❏❏ 区分所有者から敷地及び共用部分等の保存行為を行うことの承認申請があった場合の承認又は不承認について、書面又は電磁的方法により決議をするためには、理事全員の同意が必要である。[R3-27-3] ☞⑥答×

❏❏❏ 管理組合が、理事長が代表取締役を務める施工会社と共用部分の補修に係る工事請負契約を締結しようとする場合において、理事長がその利益相反取引に関し、理事会を招集し承認を受けようとすることについて、マンション管理士が役員に対して行った次の助言のうち、「この理事会で決議を行う場合、理事長は議決権を行使することはできません」という助言は、適切でない。[H28-30-4] ☞⑦答×

16 理事会(2)

1 議決事項

①収支決算案・事業報告案・収支予算案・事業計画案は、理事会で決議する。

②専有部分の修繕等・敷地及び共用部分等の管理・窓ガラス等の改良は、理事会で決議する。

③未納の管理費等及び使用料の請求に関する訴訟その他法的措置の追行は、理事会で決議する。

④災害等により総会の開催が困難な場合における応急的な修繕工事の実施等については、理事会で決議する。

2 専門委員会の設置

⑤理事会は、その責任と権限の範囲内において、専門委員会を設置し、特定の課題を調査・検討させることができる。

⑥専門委員会は、調査・検討した結果を理事会に具申する。

⑦専門委員会の検討対象が理事会の責任と権限を越える場合、専門委員会の設置には総会の決議が必要となる。

⑧専門委員会の検討のため理事会活動に認められている経費以上の費用が必要となる場合、専門委員会の設置には総会の決議が必要となる。

⑨運営細則の制定が必要な場合、専門委員会の設置には総会の決議が必要となる。

過去問＋予想問！ **目標 4 分で答えよう**

❏❏❏ 「組合員Cが、管理費を3か月滞納しているので、理事長として管理組合を代表し法的措置によりその回収を図ることとしますが、これには<u>総会決議が必要なので</u>、次期通常総会での議案の一つといたします」という理事長の発言は、<u>適切である</u>。[H26-28-3]
☞③答×

❏❏❏ 災害等により総会の開催が困難である場合には、理事会の決議で、給水・排水、電気、ガス、通信といったライフライン等の応急的な更新を実施することができる。[H28-28-4] ☞④答○

❏❏❏ 窓枠、窓ガラス、玄関扉等の開口部改良工事に関する細則案を作成するため、専門委員会を設置することは、理事会の権限で行うことができる。[H17-31-1]
☞⑤答○

❏❏❏ 理事会は、その責任と権限の範囲内において、専門委員会を設置し、専門委員会は、調査又は検討した結果を理事会に具申する。[H28-32-3] ☞⑥答○

❏❏❏ 理事会活動に認められている経費以上の費用が必要な特定事項の調査を行わせるために専門委員会を設置する場合、当該専門委員会の設置について、総会の決議を必要とする。[H19-30-1] ☞⑦答○

17 会 計 ①

1 収支予算の作成及び変更

①理事長は、毎会計年度の収支予算案を<u>通常総会</u>に提出し、その承認を受けなければならない。

②収支予算を変更しようとするときは、理事長は、その案を<u>臨時総会</u>に提出し、その承認を受けなければならない。

③理事長は、会計年度の開始後、通常総会の承認を得るまでの間に、<u>通常の管理に要する経費</u>のうち、経常的であり、かつ、通常総会の承認を得る前に支出することがやむを得ないと認められるものについては、<u>理事会の承認</u>を得てその支出を行うことができる。

2 会計報告

④<u>理事長</u>は、毎会計年度の収支決算案を、<u>監事</u>の会計監査を経て、通常総会に報告し、その承認を得なければならない。

3 管理費等の徴収

⑤理事長は、未納の管理費等及び使用料の請求に関して、<u>理事会の決議</u>により、管理組合を代表して、訴訟その他<u>法的措置</u>を追行することができる。

⑥未納管理費の請求による遅延損害金、弁護士費用並びに督促に要した諸費用は、<u>管理費</u>に充当する。

⑦遅延損害金利率を、利息制限法や消費者契約法等よりも<u>高く</u>設定することも考えられる。

学習日	月 日	月 日	月 日	月 日
正答数	／4	／4	／4	／4

過去問＋
予想問！ **目標 4 分で答えよう**

❏❏❏ 収支予算の変更は、理事長が<u>理事会の承認を得て行うことができる</u>。[H15-34-3] ☞②答✕

❏❏❏ 甲マンション（会計年度は4月〜翌年3月）の理事会では、5月末に開催予定の通常総会までの新年度の経費の支出について協議している。この協議におけるA理事の「理事長は、4月から新年度の収支予算案について通常総会で承認を得るまでの間、理事会の承認を得て、経常的であり、かつ、通常総会の承認を得る前に支出することがやむを得ないと認められる経費の支出を行うことができます。」という発言は、<u>適切ではない</u>。[H27-31-1] ☞③答✕

❏❏❏ 未納の管理費の請求に関し管理組合を代表して訴訟を追行することは、総会の決議によらず、理事長が理事会の決議のみで行うことができる。[H24-29-オ] ☞⑤答○

❏❏❏ 「規約に遅延損害金を定める場合、その利率の設定については、手間や時間コストなどの回収コストが膨大になったとしても、利息制限法や消費者契約法等における遅延損害金利率を<u>超えることはできません</u>」というマンション管理士の発言は、<u>適切である</u>。[H28-33-4] ☞⑦答✕

18 会 計 ②

1 管理費等の過不足

①収支決算の結果、管理費に余剰を生じた場合には、その余剰は、翌年度における管理費に充当する。

②管理費等に不足を生じた場合、管理組合は組合員に対して、各区分所有者の共用部分の共有持分に応じて算出した管理費等の負担割合により、その都度必要な金額の負担を求めることができる。その際、理事会の決議は不要である。

③管理費等の額は、共用部分の共有持分の割合で算出している。そのため、「一律値上げ額を同一」とするには規約を改正する必要がある。そのため、総会の特別決議が必要。

2 借 入 れ

④管理組合は、修繕積立金を取り崩して行うべき業務について、不足の都度、総会の普通決議を経て、必要な範囲内で借入れをすることができる。

⑤管理費が不足した場合の借入れの規定はない。

3 帳票類の作成・保管

⑥理事長は、会計帳簿・什器備品台帳・組合員名簿その他の帳票類を作成して保管し、組合員または利害関係人から理由を付した書面による請求があったときは、これらを閲覧させなければならない。

⑦理事長は、長期修繕計画書、宅建業者から交付を受けた設計図書及び修繕の履歴情報を保管し、組合員または利害関係人から理由を付した書面による請求があったときは、これらを閲覧させなければならない。

学習日	月 日	月 日	月 日	月 日
正答数	／6	／6	／6	／6

過去問＋予想問！ 目標 **4** 分で答えよう

3編

会

計

(2)

❑❑❑ 管理費に余剰が生じた場合に、これを修繕積立金に振り替えることは、総会の普通決議で行うことができる。[H25-26-1] ☞①答×

❑❑❑ 修繕積立金について、共用部分の共有持分にかかわらず、全戸一律に値上げ額を同一とすることについては、総会の普通決議で行うことができる。[H28-29-イ] ☞③答×

❑❑❑ 管理組合は、管理費に不足を生じた場合には、通常の管理に要する経費に限り、必要な範囲内において、借入れをすることができる。[H30-30-エ] ☞⑤答×

❑❑❑ 組合員が、会計帳簿及び什器備品台帳について、書面による閲覧請求をしてきた場合には、書面に閲覧理由が記載されていないときは、閲覧を拒むことができる。[H26-32-3] ☞⑥答○

❑❑❑ 組合員から、理事長を含む理事全員の解任を議題とする総会招集請求権行使のためとの理由を付した書面により、組合員名簿の閲覧請求があったが、閲覧を認めなかった。標準管理規約によれば、適切ではない。[R2-30-エ] ☞⑥答○

❑❑❑ 理事長は、長期修繕計画書、設計図書及び修繕等の履歴情報の保管を行うに当たって、理事会の決議又は承認を経ることなく、単独で行うことができる。[H29-31-ア] ☞⑦答○

19 雑　　則

1 理事長の勧告・指示等

①区分所有者等（区分所有者・同居人・賃借人など）が、規約違
反や共同生活の秩序を乱す行為等を行ったときは、理事
長は、理事会の決議を経て、その区分所有者等に対し、
是正等のため必要な勧告・指示・警告を行うことができる。

2 規約原本等

②区分所有者全員が記名した規約を1通作成し、これを規
約原本とする。

③規約原本は、理事長が保管し、区分所有者または利害関
係人から書面による請求があったときは、規約原本を閲
覧させなければならない。閲覧理由は問わない。

④規約が規約原本の内容から変更されているときは、理事
長は、1通の書面に、現に有効な規約の内容と、その内
容が規約原本及び規約変更を決議した総会の議事録の内
容と相違ないことを記載し、署名した上で、この書面を
保管する。

⑤規約原本がない場合は、分譲時の規約案及び分譲時の区
分所有者全員の規約に対する同意を証する書面、または
初めて規約を設定した際の総会の議事録が、規約原本の
機能を果たすことになる。

学習日	月　日	月　日	月　日	月　日
正答数	／5	／5	／5	／5

過去問＋
予想問！　**目標 4 分で答えよう**

3編

雑

則

❑❑❑　区分所有者Aの同居人Bがほとんど毎日ピアノ演奏を行い、周囲の住民からたびたび苦情が寄せられている。この場合、理事長が、理事会の決議を経て、Bに対し、周囲に迷惑をかけないよう音量、演奏時間等に配慮するよう警告することは、適切である。[H19-31-2]　☞①答○

❑❑❑　規約原本とは、規約1通に区分所有者全員が記名したものをいい、その内容は、現に有効な規約の内容とは必ずしも一致しない。[H16-29-1 改]　☞②答○

❑❑❑　規約原本は、理事長が保管し、区分所有者又は利害関係人から書面による閲覧請求があった場合において、書面に閲覧理由が記載されていないときは、閲覧を拒むことができる。[H25-29-3]　☞③答×

❑❑❑　総会決議により規約が改正された場合において、規約原本のほかに理事長が保管すべき書面は、改正後の規約（全文）を1通の書面とし、それが現に有効な規約である旨を記載した理事長の署名のほか、他の区分所有者全員が記名したものである。[H23-30-1 改]　☞④答×

❑❑❑　規約原本がなくても、初めて規約を設定した際の総会の議事録があれば、それが規約原本の機能を果たすことになる。[H16-29-2]　☞⑤答○

必ず出る！基礎知識 目標 **6** 分で覚えよう

1 管理費・修繕積立金

①団地修繕積立金・各棟修繕積立金の取崩しは、どちらも団地総会の決議で行う。棟総会の決議は不要である。

②土地・附属施設・団地共用部分の一定年数の経過ごとに計画的に行う修繕については、団地修繕積立金から支出する。

③駐車場使用料その他の土地及び共用部分に係る使用料は、それらの管理に要する費用に充てるほか、団地建物所有者の土地の共有持分に応じて、棟ごとに各棟修繕積立金として積み立てる。

2 棟 総 会

④棟総会は、団地総会では決議できず各棟において決議すべきもの(例義務違反者に対する措置・復旧建替え)を決議する。

⑤棟総会の議事は、原則として、その棟の区分所有者総数及び議決権総数の各4分の3以上で決する。

⑥棟総会は、毎年招集するとはされていない。

⑦建替え等に係る合意形成に必要となる事項の調査の実施及びその経費に充当する場合の各棟修繕積立金の取崩しは、棟総会の決議を経なければならない。

学習日	月　日	月　日	月　日	月　日
正答数	／5	／5	／5	／5

過去問＋予想問！ 目標 **4** 分で答えよう

3編

標準管理規約（団地型）

❏❏❏　甲マンション団地管理組合の理事会における費用の負担等についての理事長の「来年に予定されている一定年数の経過ごとに計画的に行う修繕では、附属施設である自転車置場、ごみ集積所、外灯設備の修繕も含まれています。その費用は、<u>団地修繕積立金ではなく、各棟修繕積立金から支出すること</u>とします」という発言は、<u>適切である</u>。［H24-32-3］ ☞②圀×

❏❏❏　団地の敷地内に設置している駐車場の使用料は、駐車場の管理に要する費用に充てるほか、<u>団地修繕積立金</u>として積み立てる必要がある。［R4-32-3］ ☞③圀×

❏❏❏　専有部分のある建物であるA棟、B棟、C棟及びD棟からなる団地に関し、B棟の建物の一部が滅失した場合において、滅失したB棟の共用部分の復旧を行うときは、<u>団地総会の決議が必要である</u>。［R3-31-2］ ☞④圀×

❏❏❏　棟総会は、その棟の区分所有者が当該棟の区分所有者総数の5分の1以上及び議決権総数の5分の1以上に当たる区分所有者の同意を得て、<u>毎年1回招集しなければならない</u>。［H25-28-4］ ☞⑥圀×

❏❏❏　専有部分のある建物であるA棟、B棟、C棟及びD棟からなる団地に関し、D棟の建替え等に係る合意形成に必要となる事項の調査の実施及びその経費に充当する場合のD棟の修繕積立金の取崩しを行うときは、団地総会の決議が必要である。［R3-31-4］

☞⑦圀×

必ず出る！
基礎知識　目標 **6** 分で覚えよう

1 敷地・許容部分等の共有

①敷地・附属施設・全体共用部分に関しては、<u>区分所有者全員</u>の共有とする。

②<u>住宅一部共用部分</u>に関しては、住戸部分の区分所有者のみの共有とする。

③<u>店舗一部共用部分</u>に関しては、店舗部分の区分所有者のみの共有とする。

④店舗としての使用については、当該マンションの固有の特性や周辺環境等を考慮して、店舗の種類・営業時間・営業方法等を具体的に規定することもできる。

⑤住宅一部共用部分も店舗一部共用部分も、管理組合で管理することになっているため、<u>全体</u>の管理組合の総会で決議することができる。

⑥駐車場使用料その他の敷地及び共用部分等に係る使用料は、それらの管理に要する費用に充てるほか、<u>全体修繕積立金</u>として積み立てる。

⑦<u>全体管理費</u>・<u>住宅一部管理費</u>・<u>店舗一部管理費</u>に余剰を生じた場合、その余剰は、翌年度におけるそれぞれの費用に充当する。

2 住宅部会・店舗部会

⑧住宅部会・店舗部会は、<u>協議</u>をする組織であり、<u>意思決定機関</u>ではない。そのため、住宅部会や店舗部会の決議が必要となることはない。

学習日	月 日	月 日	月 日	月 日
正答数	／5	／5	／5	／5

過去問＋予想問！ 目標 **4** 分で答えよう

3編

標準管理規約（複合用途型）

❏❏❏ 複合用途型のマンションにおいて、規約で店舗の営業時間は 24 時までと定められているにもかかわらず、24 時以降も営業している 105 号室の区分所有者Ａ等への対応を検討している理事会における理事Ｂの「営業時間等は共用部分の管理にはあたらないから、規約中の 24 時までしか営業できないとする規定は<u>無効であり、規約違反行為であるとすることはできない</u>」という発言は、<u>適切である</u>。[H24-33-1]

☞④答✕

❏❏❏ 複合用途型マンションにおいて、店舗前面敷地の専用使用料は、その管理に要する費用に充てるほか、<u>店舗一部修繕積立金</u>として積み立てる。[R2-26-4]

☞⑥答✕

❏❏❏ 収支決算を行った結果、全体管理費、住宅一部管理費、店舗一部管理費に余剰が生じた場合には、その余剰は翌年度におけるそれぞれの費用に充当する。[H27-33-1]

☞⑦答〇

❏❏❏ 計画修繕として外壁の改修工事を行うときは、<u>店舗部会及び住宅部会でそれぞれの決議をした上で総会で決議し</u>、その費用は店舗一部修繕積立金及び住宅一部修繕積立金を充当する。[R4-33-3]

☞⑧答✕

❏❏❏ 店舗共用部分の修繕は、<u>店舗部会の決議があれば、総会の決議がなくても</u>、店舗一部修繕積立金を取り崩してその費用を拠出することができる。[H30-32-4]

☞⑧答✕

第4編

その他法令

1 宅地建物取引業法

1 重要事項説明の説明事項

①飲用水・電気・ガス等の供給施設、排水施設の整備状況については、重要事項説明書に記載しなければならない。

②石綿（アスベスト）の使用の有無の調査結果が記録されているときは、その内容を説明しなければならない。

③建物が耐震診断を受けたものであるときは、その内容を説明しなければならない。ただし、昭和56年6月1日以降に新築工事に着手したものは除く。

④専有部分や共用部分の利用制限に関する規約の定めは、説明しなければならない。規約がまだ案の段階であっても、その案を記載しなければならない。

⑤物件の引渡時期・移転登記の申請時期などは、説明事項ではない。

2 契約不適合責任の特約制限

⑥宅建業者が自ら売主となる宅建業者でない者との間の売買契約においては、原則として、民法の規定よりも買主に不利な特約を設定することができない。一般消費者が売主となり宅建業者が買主となる売買契約の場合や、売主も買主も宅建業者の場合は、この限りでない。

⑦契約不適合責任に関する権利の行使期間については、特約で、引渡しの日から2年以上と定めることもできる。

⑧民法の規定よりも不利な特約を設定した場合、その特約は無効となり、民法の規定が適用される。

学習日	月 日	月 日	月 日	月 日
正答数	／4	／4	／4	／4

過去問＋予想問！ 目標 **4** 分で答えよう

4編

宅地建物取引業法

❏❏❏ 昭和51年1月に建築された建物が耐震診断を受けたものであるときは、その内容を重要事項説明書に記載しなければならない。［予想問］ ☞③答○

❏❏❏ マンションの売買に際し、宅地建物取引業者が行う宅地建物取引業法第35条の重要事項の説明に関して、規約については、案しかできていなかったので、売買契約成立後に説明することとした。これは宅地建物取引業法に違反する。［H13-20-1］ ☞④答○

❏❏❏ AがBに中古住宅である甲マンションの101号室を売却した場合、AとBとの売買契約において、契約不適合につき担保責任を負う期間を引渡しの日から6か月間とした場合、Aが宅地建物取引業者でなく、Bが宅地建物取引業者であるときは、Aは、引渡しの日から6か月を経過した時に担保責任を免れる。［H26-17-2］ ☞⑥答○

❏❏❏ 宅地建物取引業者Aは、宅地建物取引業者でないBに対して、平成12年4月1日に、契約不適合につき担保責任を負う期間を引渡しの日から1年間とする特約をして中古マンションの一室を売却し、同年5月1日にこれを引き渡した。Bは、その後の平成13年5月10日に浴室設備に契約不適合を発見した場合、平成13年6月10日にAに対してその旨を通知すれば、Aは契約不適合責任を免れない。［H24-14-3］ ☞⑦⑧答○

品確法（住宅の品質確保の促進等に関する法律）

1 瑕疵担保責任

①品確法上、新築住宅とは、新たに建設された住宅で、まだ人の居住の用に供したことのないものをいう。ただし、建設工事完了日から 1 年を経過したものは、新築住宅ではない。

②新築住宅の売買契約では、売主は、買主への引渡しから 10 年間、住宅の構造耐力上主要な部分及び雨水の浸入を防止する部分の隠れた瑕疵について瑕疵担保責任を負う。これに反する特約は無効である。

2 住宅性能評価

③住宅性能の評価結果をまとめた性能評価書には、設計図書の段階の評価結果をまとめた設計住宅性能評価書と、施工・完成段階の検査を経た評価結果をまとめた建設住宅性能評価書の 2 種類がある。

④品確法に基づく住宅性能表示制度では、新築住宅のみならず、既存住宅についても、高齢者等配慮対策等級が定められている。

⑤性能表示事項は、等級や数値などで表示される。等級では、数字が大きいものほど性能が高いことを表す。

⑥マンションなどの共同住宅では、既存の共同住宅に係る建設住宅性能評価を受ける場合、共用部分と専有部分の両方の評価が必要である。

学習日	月　日	月　日	月　日	月　日
正答数	／4	／4	／4	／4

過去問+予想問！ 目標 **4** 分で答えよう

❑❑❑ 建設工事完了後2年経過したが、まだ人の用に供せられていないものは、品確法上の「新築住宅」に該当する。［予想問］　　　☞①答×

❑❑❑ 新築の住宅店舗複合用途型マンションの売買契約において、建物のすべての部分につき担保責任の期間を引き渡した時から5年と定め、引渡しを受けた4年6月後に、当該マンションの店舗部分の外壁の瑕疵により雨漏りが生じた場合には、引渡しを受けた時から5年以内に損害賠償を請求しなければ、売主は、その責任を負わない。［H25-17-1］　　☞②答×

❑❑❑ 品確法に基づく住宅性能表示制度では、新築住宅については高齢者等配慮対策等級が定められているが、既存住宅については定められていない。［H28-41-2］
☞④答×

❑❑❑ 「品確法」による評価方法基準では、高齢者等への配慮に関することが定められており、新築住宅の場合は、配慮の程度が1〜5等級により表示され、高齢者等への配慮の程度が最も高い等級は5等級である。［H24-40-4］　　　☞⑤答○

4編

品確法（住宅の品質確保の促進等に関する法律）

3 不動産登記法

1 区分建物の登記

①区分建物では、表題部所有者から所有権を取得した者も、所有権の<u>保存登記</u>を申請できる。

②敷地権付き区分建物の場合で、表題部所有者から所有権を取得した者が、所有権の保存の登記を申請するときは、<u>当該敷地権の登記名義人</u>の承諾を得なければならない。

③区分建物が属する1棟の建物が新築された場合における当該区分建物についての<u>表題登記の申請</u>は、当該新築された1棟の建物に属する<u>他の区分建物</u>についての表題登記の申請と併せてしなければならない。この場合、当該区分建物の所有者は、他の区分建物の所有者に代わって、当該他の区分建物についての<u>表題登記</u>を申請できる

④区分建物に関する建物の登記記録は、1棟の建物を表示する<u>表題部</u>・各区分建物（<u>専有部分</u>）の表題部・各区分建物の<u>甲区及び乙区</u>の構成になっている。

⑤マンションの1棟の建物の表題部の敷地権の目的である土地の表示には、敷地権の目的である土地の<u>所在</u>及び<u>地番</u>・<u>地目</u>・<u>地積</u>・<u>登記の日付</u>等が記載される。

⑥区分建物の表題部の敷地権の表示には、敷地権の<u>種類</u>・敷地権の<u>割合</u>・<u>原因</u>・<u>その日付</u>等が記載される。

⑦共用部分である旨の登記は、所有権の登記名義人以外に、<u>建物の表題部所有者</u>も申請することができる。

過去問＋予想問！ 目標 **4** 分で答えよう

❏❏❏ 区分建物が属する一棟の建物が新築された場合における当該区分建物についての表題登記の申請は、一棟の建物に属する他の区分建物についての表題登記の申請と併せてしなければならないが、この場合に当該区分建物の所有者は、他の区分建物の所有者に代わって当該他の区分建物についての<u>表題登記の申請をすることはできない</u>。[H25-18-2] ☞③答×

❏❏❏ マンションの登記記録は、その建物全体に関する一棟の建物を表示する表題部、その一棟の建物に属する区分された建物ごとの表題部並びに甲区及び乙区から構成される。[H13-18-2] ☞④答○

❏❏❏ 一棟の建物の表題部の敷地権の目的たる土地の表示には、<u>敷地権の種類、敷地権の割合、原因及びその日付、登記の日付が記載される</u>。[H19-18-1] ☞⑤答×

❏❏❏ 区分建物の表題部の敷地権の表示には、<u>所在地及び地番、地目、地積、登記の日付が記載される</u>。[H19-18-2] ☞⑥答×

❏❏❏ 共用部分である旨の登記は、当該共用部分である旨の登記をする区分建物の、<u>所有権の登記名義人以外の者は申請することができない</u>。[H28-18-1] ☞⑦答×

4編

不動産登記法

· 141 ·

4 警備業法

1 警 備 業

①警備業を営もうとする者は、一定の欠格要件に該当しないことについて、都道府県公安委員会の認定を受けなければならない。

②破産者で復権を得ない者は、警備業を営んではならない。

③禁錮以上の刑に処せられ、または警備業法の規定に違反して罰金の刑に処せられ、その執行を終わりまたは執行を受けることがなくなった日から起算して5年を経過しない者は、警備業を営んではならない。

④18歳未満の者は、警備員となってはならない。また、警備業者は、18歳未満の者を警備業務に従事させてはならない。

⑤警備業者及び警備員は、警備業務を行うに当たっては、公務員(例警察官)の制服と、色・型式または標章により明確に識別できる服装を用いなければならない。

⑥警備業者は、自己の名義をもって、他人(例認定を受けていない者・他の警備業者)に警備業を営ませてはならない。

2 契約に関する書面交付

⑦警備業者は、警備業務の依頼者と警備業務を行う契約を締結するときは、契約までに、契約の概要について記載した書面を依頼者に交付(電磁的方法による提供を含む)する必要がある。

⑧警備業者は、警備業務を行う契約を締結したときは、遅滞なく、契約の内容を明らかにする書面を警備業務の依頼者に交付(電磁的方法による提供を含む)する必要がある。

学習日	月 日	月 日	月 日	月 日
正答数	／5	／5	／5	／5

過去問＋予想問！ **目標 4 分で答えよう**

❑❑❑ 警備業を営もうとする者は、一定の欠格要件に該当しないことについて都道府県知事の認定を受けなければならない。[H19-23-4]　　　☞①答×

❑❑❑ 警備業者は、20歳未満の者を警備員として警備業務に従事させてはならない。[H27-24-3]　☞④答×

❑❑❑ 警備業者は、マンションの警備業務を委託した者からの犯罪に対する警戒強化の要望に対応するためであれば、そのマンションの警備業務に従事する警備員の服装を警察官の制服とほぼ同じものにすることができる。[H26-24-4]　　　☞⑤答×

❑❑❑ 警備業者は、自己の名義をもって他人に警備業を営ませてはならず、認定を受けていない者に名義を貸すことはもとより、他の警備業者に名義を貸すことをも禁止されている。[R3-24-3]　☞⑥答○

❑❑❑ 警備業者は、警備業務の依頼者と警備業務を行う契約を締結しようとするときは、当該契約をするまでに、その概要について記載した書面を交付しなければならず、契約を締結したときは、遅滞なく、当該契約の内容を明らかにする書面を依頼者に交付（電磁的方法による提供を含む。）しなければならない。[R4-24-4]　　　☞⑦⑧答○

4編 警備業法

第5編

実務・会計

1 管理組合の税務

1 法　人　税

①法人ではない管理組合と管理組合法人は、どちらも法人税法上、公益法人等と同様に扱われる。

②収益事業所得に対しては、課税される。非収益事業所得に対しては、非課税とされる。

③マンション内の駐車場の使用について、区分所有者のみが使用すれば、非収益事業となる。

④マンション内の駐車場の使用について、区分所有者と外部の第三者が区別・優劣なく同条件で使用すれば、全て収益事業となる。

⑤マンション内の駐車場の使用について、区分所有者と外部の第三者が区別され、区分所有者が優先的に使用すれば、外部の第三者の使用部分のみが収益事業となる。

⑥携帯電話基地局設置のため、管理組合が賃貸借契約に基づいてマンション（建物）の一部を他の者に使用させ、その対価を得る行為は、収益事業に該当する。

2 都道府県民税・市町村民税

⑦管理組合が収益事業を行っている場合、法人格の有無にかかわらず、法人税割及び均等割が課税される。

⑧管理組合が収益事業を行っていない場合、法人でない管理組合は法人税割及び均等割ともに非課税だが、管理組合法人は均等割が課税される。

学習日	月　日	月　日	月　日	月　日
正答数	／5	／5	／5	／5

過去問＋
予想問！ 目標 **4** 分で答えよう

□□□　収益事業を行っている管理組合法人は、法人税が課税されるが、管理組合法人の場合、法人税法上、公益法人等とみなされ、法人税率については、法人でない管理組合よりも<u>低い税率が適用される</u>。[R3-35-2] ☞①答✕

□□□　管理組合法人の場合には、区分所有者のみに敷地内駐車場を使用させることができる旨規定されている管理規約に基づき区分所有者に同駐車場を使用させ、その使用料収入を得ているときは、<u>収益事業に該当するため、法人税が課税される</u>。[H30-35-3] ☞③答✕

□□□　恒常的に空き駐車場が生じているため、区分所有者及び区分所有者以外の者に対し、募集方法は両者を分けずに広く行い、使用方法は区分所有者の優先性を設けずに同一条件で駐車場を使用させている管理組合は、<u>区分所有者以外の者の使用料収入のみが収益事業に該当し、法人税が課税される</u>。[H27-35-1] ☞④答✕

□□□　移動体通信業者との間で携帯電話基地局設置のため、屋上の使用を目的とした建物賃貸借契約を結び設置料収入を得ている管理組合の行為は、収益事業の不動産貸付業に該当する。[R3-35-1] ☞⑥答○

□□□　<u>収益事業を行っていない管理組合及び管理組合法人</u>においては、法人税の申告義務はないが、法人住民税（都道府県民税と市町村民税）の均等割額は収益事業を行っていない場合でも<u>課税される</u>。[H24-34-2] ☞⑧答✕

1 事務管理業務

①組合員が管理費を滞納したときは、管理業者は、電話・自宅訪問・督促状の方法により、その支払いの督促を行う。

②督促してもなお組合員が滞納管理費等を支払わないとき、管理業者はその責めを免れる。

2 第三者への再委託

③管理業者は、事務管理業務の一部を第三者に再委託することができる。事務管理業務の一括再委託は認められない。

④管理業者が管理事務を第三者に再委託した場合において、管理業者は、再委託した管理事務の適正な処理について、管理組合に対して責任を負う。

3 管理事務に要する費用

⑤管理組合は、委託業務費については、管理業者が指定する口座に振り込む方法により支払うものとする。

⑥管理組合は、管理事務として委託する事務のために管理業者に支払われる委託業務費のほか、管理業者が管理事務をするために必要な水道光熱費・通信費等を負担する。

⑦管理組合は、管理業者に管理事務を行わせるために不可欠な管理事務室等を無償で使用させる。

⑧管理事務室等の使用に係る諸費用（例水道光熱費・通信費・備品・消耗品費）について、管理組合・管理業者のどちらがどの費用を負担するのかを決めておく。

過去問＋予想問！　**目標 4 分で答えよう**

❑❑❑ 管理費等を滞納している組合員（滞納組合員）に対する督促について、マンション管理業者Aが理事会で行った「Aの滞納組合員に対する督促については、最初の支払期限から起算して一定の期間内、電話若しくは自宅訪問又は督促状の方法により、その支払の督促を行います」という説明は、<u>適切ではない</u>。[H21-33-2]　☞①答×

❑❑❑ 滞納組合員に対する督促について、マンション管理業者Aが理事会で行った「Aが契約書に基づく督促を行ったにもかかわらず、支払期限後一定の期間内に滞納組合員が滞納管理費等を支払わない場合は、Aはその責めを免れます」という説明は、<u>適切ではない</u>。[H21-33-3]　☞①②答×

❑❑❑ 甲管理組合は、委託業務費のほか、乙管理会社が管理事務を実施するのに伴い必要となる水道光熱費等の諸費用を負担しなければならない。[H20-33-1]　☞⑥答○

❑❑❑ 甲管理組合は、乙管理会社に管理事務を行わせるために不可欠な管理事務室等を無償で使用させるものとし、<u>乙は、乙が管理事務を実施するのに伴い必要となる水道光熱費、通信費、消耗品費等の諸費用を負担するものとする</u>。[H29-32-1]　☞⑥⑦答×

必ず出る！基礎知識 目標 6 分で覚えよう

1 免責事項

①管理業者が<u>書面</u>をもって注意喚起したにもかかわらず、管理組合が承認しなかった事項に起因する<u>損害</u>については、管理業者は、損害賠償責任を負わない。

2 契約の解除・解約・更新

②管理組合及び管理業者は、その相手方が契約に定められた義務の履行を怠った場合は、<u>相当の期間</u>を定めてその<u>履行を催告</u>し、相手方が当該期間内にその義務を履行しないときは、契約を解除できる。

③管理業者が<u>銀行の取引を停止</u>されたとき、もしくは管理会社に、<u>破産手続・会社更生手続・民事再生手続</u>の申立てがあったとき、管理組合は、契約を解除できる。

④管理業者が適正化法の規定に違反し、<u>登録の取消処分</u>を受けたとき、管理組合は契約を解除できる。

⑤管理組合及び管理業者は、その相手方に対し、少なくとも<u>3か月</u>前に書面で解約の申入れを行うことにより、管理委託契約を終了させることができる。

⑥有効期間満了の<u>3か月</u>前までに業務委託契約の更新について申出があった場合、更新についての協議が調わないときは、管理組合と管理業者は、現在の契約と同一の条件で期間を定めて<u>暫定契約</u>を締結できる。

⑦管理業者は、自らが<u>暴力団等でない</u>ことを管理組合に対し確約しなければならない。確約に反していた場合、管理組合は、<u>無催告</u>で契約を解除できる。

過去問+予想問！ 目標 **4** 分で答えよう

❏❏❏ 甲管理組合と乙管理会社との管理委託契約に関して、乙が管理委託契約で定められた義務の履行を怠った場合であっても、甲は、催告をすることなく直ちに当該管理委託契約を解除することはできない。[H18-33-2]　　☞②答○

❏❏❏ 甲管理組合と乙管理会社との管理委託契約に関して、乙管理会社が銀行の取引を停止されたときであっても、甲管理組合は、管理委託契約を解除することはできない。[H18-33-1]　　☞③答×

❏❏❏ 甲マンション管理組合とAマンション管理会社との間で管理委託契約を締結している場合、管理委託契約では有効期間が2年と定められているので、甲は、その期間内は管理委託契約を解約することはできない。[H15-33-3]　　☞⑤答×

❏❏❏ 甲管理組合と乙管理会社との間の管理委託契約に関し、管理委託契約の更新について甲又は乙から申出があった場合において、その有効期間が満了する日までに更新に関する協議がととのう見込みがないときは、甲及び乙は、従前の契約と同一の条件で、期間を定めて暫定契約を締結することができる。[H30-33-4]　　☞⑥答○

第 6 編

建築・設備

1 材料による分類

①合板は、薄い単板を繊維方向が直交するように積層したものである。

②集成材は、挽き板や小角材等を、繊維方向を平行に集成したものである。

③鉄は熱に弱いため、耐火被覆(ひふく)が必要である。

④鉄は錆びやすいため、防錆(ぼうせい)処理が必要である。

⑤鉄筋は、圧縮力が働くことによる座屈(ざくつ)を生じやすい。

⑥鉄骨造は、鉄筋コンクリート造よりも、耐火・遮音・耐振動性に劣る。

⑦鉄筋コンクリート造においては、施工現場でコンクリートを打つ工法のほかに、あらかじめ工場で生産されたものを用いるプレキャスト工法もある。

⑧コンクリートは、セメントと水を練ったセメントペーストによって砂・砂利等の骨材を固めたものである。

⑨コンクリートの持つアルカリ性が失われ、中性化することで、内部の鉄筋が錆びやすくなる。

⑩コンクリートは、圧縮強度が高く、引張強度が低い。

⑪鉄筋コンクリート造は、耐火・耐久性に富む。

2 形式による分類

⑫壁式構造は、壁や床などの構造部材により荷重や外力に対応する構造形式である。中低層の建物に多く用いられる。

⑬ラーメン構造は、柱と梁をしっかりと固定して建物の骨組みを構成することで荷重や外力に対応する構造形式である。開口部を大きくとることができる。

学習日	月 日	月 日	月 日	月 日
正答数	／6	／6	／6	／6

過去問＋予想問！ 目標 4 分で答えよう

❑❑❑ 鉄骨構造は、外力に対して粘り強い構造形式であるが、耐火被覆や防錆処理が必要となるだけでなく、鉄筋コンクリート構造に比べて揺れが大きくなりやすい。[H29-40-4] ☞③④⑥答○

❑❑❑ 鉄筋コンクリート構造は、鉄筋とコンクリートのそれぞれの長所を活かすように組み合わせた構造形式であるが、施工現場において鉄筋及び型枠を組み立て、コンクリートを打つ必要があり、工業化はされていない。[H29-40-3] ☞⑦答×

❑❑❑ プレキャストコンクリート構造は、建設現場での作業や外部足場などの仮設資材を大幅に削減することができる。[H17-41-1] ☞⑦答○

❑❑❑ 鉄筋コンクリート構造は、引張強度は高いが圧縮強度は劣るコンクリートを圧縮強度が高い鉄筋によって補った構造形式である。[H23-41-4] ☞⑩答×

❑❑❑ 壁式構造は、壁や床などの平面的な構造部材を一体として構成し、荷重及び外力に対応する構造形式であり、高層の建物より中低層の建物に採用されることが多い。[H29-40-2] ☞⑫答○

❑❑❑ ラーメン構造は、柱と梁を剛接合して建物の骨組みを構成し、荷重及び外力に対応する構造形式であり、構造耐力を増すために耐力壁を設ける場合もある。[H29-40-1] ☞⑬答○

2 建築構造(2)

1 耐震性による分類

①耐震構造は、建物自体の剛性を高めることで、強い揺れを受けても建物が倒壊するのを防ぐ構造である。

②免震構造は、建物の基礎と上部構造との間に積層ゴムや免震装置を設置して、地震力を一部吸収して揺れを減らす。既存建物に対する事後的な免震化も可能である。

③制震構造は、建物骨組みに取りつけた制震ダンパーなどの制震装置で揺れを吸収する。工事費も安く、改修に向いている。

2 耐震診断・耐震改修

④マグニチュードは、値が1増えると、地震のエネルギーが32倍になる。

⑤建築基準法の耐震基準の目標は、大規模地震（震度6強〜震度7）では建物にある程度の被害が出るのはやむを得ないが、人命に危害を及ぼすような倒壊等の被害を生じないようにすることである。

⑥地震によって震源から放射される地震波には、P波とS波があり、P波の方がS波より速く伝わる。

⑦鉄筋コンクリート造マンションの耐震性向上のための耐震補強工事は、柱や梁に鋼板や炭素繊維シートなどを巻くことによって、柱や梁のじん性（粘り強さ）を向上させる。

⑧ピロティとは、1階部で壁によって囲まれず、柱だけの外部に開かれた空間部分をいう。壁がないため、通常の建物と比較して耐震力に欠ける。

学習日	月　日	月　日	月　日	月　日
正答数	／5	／5	／5	／5

過去問＋予想問！ 目標 4 分で答えよう

❏❏❏ 免震構造は、建築物の基礎と上部構造との間に免震装置を設ける構造であるため、<u>建築物の新築時から免震装置を設置しておかなくてはならない。</u>[H28-40-2]　☞②答✕

❏❏❏ マンションの建物の耐震改修工法として、制震構造は、建物の骨組みにダンパー等の制震装置を設置したもので、地震による揺れを小さくする構造である。[H21-41-3]　☞③答〇

❏❏❏ 建築基準法による耐震基準は、震度6強から震度7程度の地震に対して、<u>主要構造部は被害を受けないことを目標としている。</u>[H28-40-3]　☞⑤答✕

❏❏❏ マンションの建物（鉄筋コンクリート造）の一般的な耐震改修工法に関して、柱のじん性（粘り強さ）の向上を図るため、炭素シート巻き立てにより柱を補強することは、適切である。[H25-41-3]　☞⑦答〇

❏❏❏ 1階部分に広い駐車場やピロティがある旧耐震基準により建設された鉄筋コンクリート造マンションは、構造耐力の向上を図るための耐震壁の増設・補強、柱のじん性（ねばり強さ）の向上を図るための柱の鋼板巻立て等の耐震改修を行う必要性が高い。[H22-42-2]　☞⑦⑧答〇

3 建築構造(3)

1 基　礎

①部分的に異なる構造方法による基礎を用いることは、不同沈下による建築物の損傷の一因となりうるため、避ける必要がある。

2 直接基礎

②直接基礎は、建物の荷重を直接地盤に伝えるもので、建物の規模が小さく軽量である場合や、地表近くに支持層となる良質の土層がある場合に採用される。フーチング基礎やベタ基礎等がある。

③フーチング基礎は、柱・壁の直下で、建物の荷重・外力を地盤面に分散させる基礎である。

④ベタ基礎は、許容地耐力に比較して建築物の荷重が大きい場合に、建物の全平面にわたって一体となったフーチングを設ける基礎である。

3 杭　基　礎

⑤杭基礎は、建物の規模が大きく重量がある場合や、軟弱な土層が地表から相当深い場合等、直接基礎では安定的に建物を支えるのが難しいときに採用される。支持杭や摩擦杭等がある。

⑥支持杭は、杭を用い、杭の先端を支持層まで到達させて建物を支持する基礎である。

⑦摩擦杭は、支持層が深いところにあり、杭の先端を支持層に到達させるのが困難な場合に、杭周面の摩擦力で建物を支える基礎である。

過去問＋予想問！ **目標 4 分で答えよう**

□□□ 部分的に異なる構造方法による基礎を用いることによって、荷重を分散させることができるため、積極的に用いるほうがよい。[予想問] ☞①答×

□□□ 直接基礎は、建物の荷重を直接地盤に伝えるもので、建物の規模が大きく重量がある場合や、地表近くに支持層となる良質の土層がある場合に採用される。[予想問] ☞②答×

□□□ フーチング基礎は、柱・壁の直下で、建物の荷重・外力を地盤面に分散させる基礎である。[予想問]
☞③答○

□□□ 杭基礎は、建物の規模が小さく軽量である場合や、軟弱な土層が地表から相当深い場合等、直接基礎では安定的に建物を支えるのが難しいときに採用される。支持杭や摩擦杭等がある。[予想問] ☞⑤答×

□□□ 支持杭は、杭の先端を安定した支持層に到達させ、主に杭先端の支持力によって上部荷重を支えるものである。[H30-40-1] ☞⑥答○

□□□ 摩擦杭は、地盤の土と杭周面の摩擦力及び強固な支持層による杭先端の支持力によって建築物の重量を支えるものである。[H25-42-2] ☞⑥⑦答×

4 建築環境(1)：遮音・熱

必ず出る！基礎知識 目標6分で覚えよう

1 遮音関連

①**軽量床衝撃音**は、コップやスプーンのように比較的小さくて軽い物体が床に落下した場合等に、下階に発生する音をいう。遮音は、じゅうたん等を敷く等、衝撃力が少ない表面材の処理をすることが有効である。

②**重量床衝撃音**は、子どもが飛び跳ねるときの音のように、比較的重く硬い物体が床に落下した場合等に、下階に発生する音をいう。コンクリートスラブが厚い・密度が高い・剛性が高い等の場合に、遮音性が高くなる。

③床衝撃音の遮音等級は、L値で表す。L値が小さいほど遮音性能が高い。

④界壁の遮音等級は、D値で表す。D値が大きいほど遮音性能が高い。

⑤界壁の遮音においては、固体伝搬音よりも空気伝搬音の対策を重視しなければならない。

2 熱

⑥内部結露は、防湿層を設けることにより防ぐことができる。

⑦断熱材の熱伝導率は、一般に、水分を含むと大きくなる。

⑧外壁に使用する断熱材の厚さと熱伝導率が同じであれば、外断熱か内断熱かにかかわらず、外壁の熱貫流率は等しくなる。

⑨窓サッシを二重化すると、窓の熱貫流率が小さくなり、室内の温度を安定させるとともに、結露の発生を抑制することができる。

DATE & RECORD

学習日	月 日	月 日	月 日	月 日
正答数	／7	／7	／7	／7

過去問＋予想問！ 目標 4 分で答えよう

❏❏❏ 一般的には、床仕上げ材を木質フローリングからカーペットにリフォームすることで、軽量床衝撃音に対する遮音性能を高めることができる。[H27-40-4]

☞①答○

❏❏❏ JIS（日本工業規格）によると、床の遮音等級はL値で示し、値が小さいほど遮音性が高く、界壁の遮音等級はD値で示し、値が大きいほど遮音性が高い。[H27-40-1]

☞③④答○

❏❏❏ マンションの界壁の遮音は、空気伝搬音より固体伝搬音の対策を重視しなければならない。[H28-42-4]

☞⑤答×

❏❏❏ 外壁の室内側に生じる表面結露は、防湿層を設けることにより防ぐことができる。[H26-41-1] ☞⑥答×

❏❏❏ 断熱材の熱伝導率は、一般に水分を含むと大きくなる。[H26-41-2] ☞⑦答○

❏❏❏ 外壁に使用する断熱材の厚さと熱伝導率が同じであれば、外断熱か内断熱かにかかわらず、外壁の熱貫流率は等しくなる。[H26-41-3] ☞⑧答○

❏❏❏ 窓サッシを二重化すると、窓の熱貫流率が小さくなり、室内の温度を安定させることができる。[R3-41-1] ☞⑨答○

5 建築環境⑵：防水

1 メンブレン防水

①メンブレン防水とは、薄い皮膜を面状に形成する工法をいう。屋根・屋上・廊下・バルコニーなど、漏水を避けたい場所に施工する。アスファルト防水・シート防水・塗膜防水などの種類がある。

②アスファルト防水は、アスファルトを加熱溶融して下地に貼り付けることで防水するものをいう。歩行用にも使用できる。

③シート防水は、合成ゴム・塩化ビニルなどのシートを接着剤やビスで貼り付けて防水するものをいう。ゴム系は非歩行用の部位、塩ビ系は軽歩行用の部位に使用する。

④塗膜防水は、防水層の膜に樹脂類などを塗り、防水層をつくり防水するものをいう。改修では、バルコニー防水の主流工法として採用されている。

⑤かぶせ工法は、既存の防水層の上にかぶせるので、その適否は、既存の防水層によって判断しなければならない。

2 シーリング防水

⑥シーリング防水とは、コンクリートの打ち継ぎ部や目地部などに線状に防水を行う工法をいう。ウレタン系とシリコーン系が代表的である。

⑦ウレタン系は、性能や価格的に最も標準的で多用される。しかし、耐候性が低い（紫外線に弱く、劣化が早い）などの欠点がある。

⑧シリコーン系は、高性能だが使用箇所が制限されるなどの欠点がある。

学習日	月　日	月　日	月　日	月　日
正答数	／6	／6	／6	／6

○ **過去問＋予想問！** 目標 **4** 分で答えよう ○

❏❏❏ 屋上防水のアスファルト防水コンクリート押え工法は、防水層の上にコンクリートの保護層（縦横3m程度の間隔で、伸縮目地を設ける。）を設けるもので、耐久性が高く、屋上を歩行用に開放する場合の防水工法として適している。[H27-38-1]　　☞②答○

❏❏❏ ウレタンゴム系塗膜防水材を用いた塗膜防水は、開放廊下やバルコニーに適用することができる。[H30-39-4]　　☞④答○

❏❏❏ 屋根防水層の改修におけるかぶせ工法は、既存の防水層を撤去せずに新たな防水層をかぶせるので、その適否は、既存の防水工法の種類の影響を考慮して判断しなければならない。[H27-38-3]　　☞⑤答○

❏❏❏ ウレタン系シーリング材は、耐候性が高いので屋外の金属と金属との接合部の目地に適したシーリング材である。[R4-38-1]　　☞⑥⑦答×

❏❏❏ ポリウレタン系シーリング材は、ガラスを透過した紫外線により接着性が低下しやすいので、接着面にガラス越しの紫外線を受けるガラス面には用いない。[H27-38-4]　　☞⑦答○

❏❏❏ シリコーン系シーリング材は、耐久性及び接着性が高く、目地周辺を汚染しないので、使用箇所が限定されない。[R4-38-4]　　☞⑧答×

6　建築環境⑶：防犯

1　防犯に配慮した設計

①管理人室を設置する場合にあっては、住戸内と管理人室との間で通話が可能な機能等を有するインターホンを設置することが望ましい。

②エレベーターのかご内には、防犯カメラ等の設備を設置することが望ましい。

③接地階の住戸のバルコニーの外側等の住戸周りは、住戸のプライバシーの確保に配慮しつつ、周囲からの見通しを確保したものとすることが望ましい。

2　照　　明

④10 m先の人の顔・行動が明確に識別でき、誰であるかが明確にわかる程度以上の照度は、概ね 50 ルクス以上である。

⑤10 m先の人の顔・行動が識別でき、誰であるかがわかる程度以上の照度は、概ね 20 ルクス以上である。

⑥4 m先の人の挙動・姿勢等が識別できる程度以上の照度は、概ね 3 ルクス以上である。

⑦共用玄関の内側の床面・共用メールコーナー・共用玄関の存する階のエレベーターホール・エレベーターのかご内は、概ね 50 ルクス以上とする。

⑧共用玄関の外側の床面・共用玄関以外の共用出入口・共用玄関の存する階以外のエレベーターホール・共用廊下・共用階段は、概ね 20 ルクス以上とする。

⑨自転車置場・オートバイ置場・駐車場・通路は、概ね 3 ルクス以上とする。

学習日	月 日	月 日	月 日	月 日
正答数	／6	／6	／6	／6

過去問＋予想問！ 目標 4 分で答えよう

❏❏❏ 「接地階の住戸のバルコニーの外側等の住戸周りは、住戸のプライバシー確保及び防犯上の観点から、周囲から見通されないように配慮してください」というマンション管理士のアドバイスは、適切である。
[R01-24- ウ] ☞③答×

❏❏❏ 共用玄関の存する階のエレベーターホールの照明設備は、床面においておおむね 50 ルクス以上を確保する。[H22-24-2] ☞⑦答○

❏❏❏ 共用玄関の存する階のエレベーターホールの照明設備を、床面において 20 ルクスの平均水平面照度となるように設けたことは適切である。[R3-40-3]
☞⑦答×

❏❏❏ 共用玄関以外の共用出入口の照明設備は、床面においておおむね 10 ルクス以上を確保する。[H22-24-3]
☞⑧答×

❏❏❏ 共用廊下・共用階段の照明設備は、極端な明暗が生じないよう配慮しつつ、床面において概ね 20 ルクス以上の平均水平面照度を確保することができるものとする。[R2-24-2] ☞⑧答○

❏❏❏ 自転車置場、オートバイ置場の照明設備は、10 m 先の人の挙動、姿勢等が識別できる程度以上となるよう、床面において概ね3ルクス以上の平均水平面照度を確保することができるものとする。[H24-24-3]
☞⑥⑨答×

必ず出る！
基礎知識　目標 **6** 分で覚えよう

1 水道の分類

①専用水道は、寄宿舎・社宅・療養所・共同住宅等における自家用の水道であり、水道事業の用に供する水道（水道局の水道）以外の水道であって、100人を超える者にその居住に必要な水を供給するもの、またはその水道施設の生活等に使用する1日の最大給水量が20㎥を超えるものをいう。

②専用水道の水源は、他の水道（水道局）から供給を受ける水の場合であっても、他の水道から供給を受ける水のみを水源としない場合（自己水源・井戸水）であってもよい。

③貯水槽水道は、水道事業の用に供する水道及び専用水道以外の水道であって、水道事業の用に供する水道（水道局）から供給を受ける水のみを水源とするものをいう。

④貯水槽水道は、受水槽の規模により、簡易専用水道（10㎥超）と小規模貯水槽水道（10㎥以下）に分類される。

2 専用水道の残留塩素の測定

⑤専用水道の設置者は、残留塩素を毎日測定する。平時で遊離残留塩素濃度が0.1mg／ℓ以上必要である。

3 簡易専用水道の定期検査

⑥簡易専用水道に係る施設及びその管理の状態に関する検査は、水質に害を及ぼすおそれがあるものか否かを検査するものであるため、当該水槽の水を抜かずに行う。

⑦給水栓における臭気・味・色・色度・濁度・残留塩素に関する検査は、あらかじめ給水管内に停滞していた水が新しい水に入れ替わるまで放流してから採水する。

学習日	月 日	月 日	月 日	月 日
正答数	／7	／7	／7	／7

6編

水道法(1)

○ 過去問＋予想問！ 目標 **4** 分で答えよう ○

❑❑❑ 自家用の井戸のみを水源としている場合には、<u>貯水槽水道に該当する</u>。[H20-23-3]　　　☞③答×

❑❑❑ 貯水槽水道とは、水道事業の用に供する水道及び専用水道以外の水道であって、水道事業の用に供する水道から供給を受ける水のみを水源とするものをいう。[R4-22-3]　　　☞③答○

❑❑❑ 簡易専用水道は、貯水槽水道のうち、水道事業の用に供する水道から水の供給を受けるために設けられる水槽の有効容量の合計が 10㎥を超えるものをいう。[R2-22-1]　　　☞④答○

❑❑❑ 水道水の水質を確保するためには、給水栓における遊離残留塩素の濃度が、通常 <u>0.01mg/ℓ 以上</u>にしなければならない。[H27-43-3]　　　☞⑤答×

❑❑❑ 簡易専用水道に係る施設及びその管理の状態に関する検査は、水槽の水を抜かずに実施する。[H30-22-1]　　　☞⑥答○

❑❑❑ 簡易専用水道の設置者は、給水栓における水質の検査として、給水栓における臭気、味、色及び<u>大腸菌</u>に関する検査を行わなければならない。[R4-22-4]　　　☞⑦答×

❑❑❑ 給水栓における、臭気、味、色、色度、濁度、残留塩素に関する検査は、<u>あらかじめ給水管内に停滞していた水も含めて採水する</u>。[H30-22-2]　　　☞⑦答×

8 水道法(2)

1 専用水道の管理

①専用水道の設置者は、水道技術管理者を1人置く。

②専用水道の設置者は、供給する水が人の健康を害するおそれがあることを知ったときは、直ちに給水を停止し、かつ、水の使用が危険である旨を関係者に周知させる措置を講じなければならない。

③専用水道の設置者は、水道水が水質基準に適合するか否かを判断するため、定期及び臨時に水質検査を行わなければならない。定期の水質検査には、1日に1回以上行う項目・概ね1か月に1回以上行う項目・概ね3か月に1回以上行う項目がある

④専用水道の設置者は、水質検査の検査記録を5年間保存する。

2 貯水槽水道 (簡易専用水道・小規模貯水槽水道) の管理

⑤貯水槽水道の設置者は、1年以内ごとに1回定期に水槽の掃除を実施する。

⑥貯水槽水道の設置者は、給水栓の水の色・濁り・臭い・味等の状態で供給する水に異常を認めたときは、水質基準に関する省令で規定される51の水質基準項目のうち、必要な検査を行う。なお、この検査には残留塩素に関する検査が含まれていない。

⑦貯水槽水道は、1年以内ごとに1回、地方公共団体の機関または厚生労働大臣の登録を受けた者の定期検査を受けなければならない。なお、この検査には残留塩素に関する検査が含まれる。

学習日	月　日	月　日	月　日	月　日
正答数	／6	／6	／6	／6

◯ **過去問＋予想問！** 目標 **4**分で答えよう ◯

❏❏❏ 簡易専用水道の設置者は、水道の管理について技術上の業務を担当させるため、水道技術管理者1人を置かなければならない。[R3-22-4] ☞①答×

❏❏❏ 簡易専用水道の設置者は、定期及び臨時の水質検査を行ったときは、これに関する記録を作成し、水質検査を行った日から起算して5年間保存しなければならない。[H21-22-2] ☞④答×

❏❏❏ 簡易専用水道の設置者は、水槽の掃除を1年以内ごとに1回、定期に行わなければならない。[H18-23-4] ☞⑤答◯

❏❏❏ 簡易専用水道の水の色や臭いに異常を認めた時は、水質基準に関する省令の表に掲げる51の水質基準項目のうち、必要なものについて検査を行う必要がある。[H23-22-2] ☞⑥答◯

❏❏❏ 簡易専用水道の設置者は、給水栓における水の色、濁り、臭い、味その他の状態により供給する水に異常を認めたときは、水道水質基準の項目のうち必要なもの及び残留塩素について検査を行わなければならない。[H28-22-3] ☞⑥答×

❏❏❏ 簡易専用水道の設置者は、水道の管理について、地方公共団体の機関又は厚生労働大臣の登録を受けた者の検査を、毎年1回以上定期に受けなければならない。[R3-22-1] ☞⑦答◯

9 給水設備(1)

1 各種給水方式

①水道直結方式(直結直圧方式)は、圧力の変化を受けやすいので、使用量が大きい建物には適さない。

②増圧直結方式(直結増圧方式)とは、増圧給水ポンプを経て直接各住戸に給水する方式である。中規模までのマンションやビルに適している。

③高置水槽方式とは、水を受水槽へ一時的に貯水し、その後高置水槽へ揚水して、重力により各階の住戸に給水する方式である。圧力の変動が少なく安定しているが、上階では水圧不足、下階では水圧過大になりやすいという特徴がある。断水時や停電時でも、一定期間は供給できる。

④圧力タンク方式とは、水を受水槽へ一時的に給水し、その後加圧ポンプで圧力タンクに給水して、圧力タンク内の空気を圧縮増圧させて各階の住戸に給水する方式である。小規模マンションに採用が多い。

⑤ポンプ直送方式(タンクレスブースター方式)は、水道本管から分岐して引き込んだ水を受水槽へ一時的に貯水し、その後加圧ポンプで直接加圧して各住戸に給水する方式。

⑥ポンプを使用しない方式は、停電時でも水の供給が可能で、水槽方式は、断水時でも、水槽内の水は供給可能である。

2 配　　管

⑦クロスコネクションとは、飲料水の配管(給水管)と他の配管とを直接連結することをいう。給水系統は、いかなる場合も、クロスコネクションが禁止されている。

● 過去問＋予想問！ 目標 **4** 分で答えよう ●

❏❏❏ 水道直結方式は、<u>高層マンションなどでよく使用される方式</u>である。［予想問］　☞①答✕

❏❏❏ 増圧直結方式は、<u>ポンプも受水槽も用いないため</u>、圧力の変化を受けやすく、使用量が大きい建物には適さない方式である。［予想問］　☞②答✕

❏❏❏ 圧力水槽（タンク）方式は、水道本管から分岐して引き込んだ水を一度受水槽に貯水した後、加圧（給水）ポンプで圧力水槽に給水し、圧力水槽内の空気を加圧することにより<u>高置水槽に揚水し、水の重力により各住戸に供給する方式</u>である。［H25-45-1］　☞④答✕

❏❏❏ ポンプ直送方式では、水道本管（配水管）から引き込んだ水を一度受水槽に貯水した後、加圧（給水）ポンプで加圧した水を各住戸に供給するため、高置水槽は不要である。［H29-43-3］　☞⑤答○

❏❏❏ 高置水槽方式は、受水槽と高置水槽を利用するため、水道本管の断水時や、停電時でも一定の時間なら給水することが可能である。［予想問］　☞③⑥答○

❏❏❏ クロスコネクションとは、<u>排水立て管と通気立て管を接続するもの</u>で、排水立て管内の圧力変動の緩和のために設置される。［H27-44-3］　☞⑦答✕

10 給水設備(2)

1 飲料用水槽

①受水槽の容量は、マンション全体で1日に使用する水量の2分の1程度を確保できるようにする。

②高置水槽の容量は、マンション全体で1日に使用する水量の10分の1程度を確保できるようにする。

③居住者1人当たりの1日の使用水量は、200ℓ～350ℓとされている。

④オーバーフロー管・水抜管には、排水口空間を最小150mm設ける。また、オーバーフロー管・通気管には、防虫網を設ける。

⑤飲料用水槽は、原則として、天井面から100cm以上、床・壁から60cm以上離して設置する。

⑥飲料用受水槽のマンホール面は、ほこりなどが入らないように、受水槽の天井面より10cm以上立ち上げる。

⑦飲料用の受水槽には、受水槽内部の保守点検が容易に行えるように、直径60cmの円が内接する大きさ以上のマンホールを設置する。

⑧FRP（繊維強化プラスチック）製の水槽は、光透過性が高い。そのため、藻類が増殖する可能性がある。

2 給水圧力

⑨水栓を閉める際に生じるウォーターハンマーを防止するため、給水管内の流速は1.5m/s～2.0m/sとなるように調節する。

⑩専有部分の浴室のシャワーにおいて、給水に支障がないようにするための必要給水圧力は、70kPaである。

学習日	月 日	月 日	月 日	月 日
正答数	／8	／8	／8	／8

6編

給水設備(2)

● 過去問＋予想問！ **目標 4 分で答えよう** ●

❑❑❑ 受水槽の有効容量を、マンション全体の1日の使用水量の2分の1程度に設定する。[R4-44-3] ☞①答○

❑❑❑ 高置水槽の容量は、マンション全体の1日の使用水量の2分の1程度とする。[H18-44-3] ☞②答×

❑❑❑ 給水設備の計画において、居住者1人当たりの1日の使用水量を 100 リットルとしたことは適切である。[H24-43-1] ☞③答×

❑❑❑ 受水槽に設置するオーバーフロー管とその排水を受ける排水管との間には、最小距離 150mmの排水口空間を確保する。[R3-43-3] ☞④答○

❑❑❑ 飲料用受水槽のマンホール面は、ほこりやその他衛生上有害なものが入らないように、受水槽の天井面より5cm程度立ち上げる。[H27-43-2] ☞⑥答×

❑❑❑ 飲料用の受水槽には、槽の内部の保守点検が容易に行えるように有効内径 60cm以上のマンホールを設置する。[H21-43-4] ☞⑦答○

❑❑❑ 水栓を閉める際に生じるウォーターハンマーの防止策として、給水管内の流速の上限値を 2.5m/s とすることが有効である。[R4-45-1] ☞⑨答×

❑❑❑ 専有部分のシャワー水栓の給水圧力を、給水に支障が生じないようにするため、30kPa とした。[R4-44-4] ☞⑩答×

1 給湯設備の種類

①自然冷媒ヒートポンプ式給湯器は、二酸化炭素を冷媒として利用したヒートポンプ給湯器で、加熱効率が高い。

②潜熱回収型ガス給湯機を設置する場合には、潜熱回収時に熱交換器より凝縮水が発生するので、それを排出するために排水管を設置する。

2 出湯能力

③ガス給湯器の湯を給湯する出湯能力は号数で表され、1号とは、入水温度を25℃上昇させた湯を毎分1ℓ出湯できる能力をいう。

3 さや管ヘッダー方式

④さや管ヘッダー方式は、洗面所等の水回り部に設置されたヘッダーから管をタコ足状に分配し、各水栓等の器具に単独接続するものをいう。

⑤さや管ヘッダー方式における専有部分内の給水・給湯配管には、樹脂性（ポリブテン管、架橋ポリエチレン管）が用いられる。

4 瞬間式給湯器

⑥ガス瞬間式給湯器には、元止め式（給湯器本体の入口側水栓の開閉）と、先止め式（給湯器の出口側の水栓の開閉）がある。近年の新築マンションの住戸内セントラル方式の場合は、先止め式が一般的である。

学習日	月　日	月　日	月　日	月　日
正答数	／6	／6	／6	／6

過去問＋予想問！ 目標 4 分で答えよう

❑❑❑ 自然冷媒ヒートポンプ式給湯器は、大気の熱を吸収した冷媒（二酸化炭素）を圧縮し、高温の湯を作り貯湯できる機器である。[R3-45-3]　☞①答○

❑❑❑ 潜熱回収型ガス給湯機を設置する場合には、潜熱回収時に熱交換器より凝縮水が発生するので、それを排出するために排水管を設置する。[H28-45-1]　☞②答○

❑❑❑ ガス給湯器の湯を供給する出湯能力は「号数」で表す。1号は入水温度を20℃上昇させた湯を毎分1ℓ出湯する能力を示す。[R4-45-2]　☞③答×

❑❑❑ 住戸内のさや管ヘッダー方式の給水管として、水道用架橋ポリエチレン管や水道用ポリブデン管等が使用される。[H25-45-2]　☞⑤答○

❑❑❑ さや管ヘッダー工法では、専有部分に設置する配管として耐衝撃性及び耐食性に優れた水道用硬質塩化ビニルライニング鋼管を使用する。[H29-43-1]　☞⑤答×

❑❑❑ ガス瞬間式給湯器には、元止め式（給湯器本体の入口側水栓の開閉）と、先止め式（給湯器の出口側の水栓の開閉）がある。近年の新築マンションの住戸内セントラル方式の場合は元止め式が一般的である。[予想問]　☞⑥答×

12 排水設備⑴

1 排水の方式

①敷地内の排水方式における合流式は、汚水・雑排水を同じ排水系統にし、雨水を別の排水系統にする。

②敷地内の排水方式における分流式は、汚水・雑排水・雨水をそれぞれ別々の排水系統にする。

③公共下水道の排水方式における合流式は、汚水・雑排水・雨水を合流させ、終末処理場に排水する。

④公共下水道の排水方式における分流式は、汚水・雑排水を終末処理場に排水し、雨水を都市下水路等へ放流する。

2 排水管

⑤塩化ビニル管（塩ビ管）は、強靱性・耐衝撃性・耐火性で鋼管より劣るが、軽量で耐食性に優れているので、専有部分や排水管などに多く使われている。

⑥管径は通常、ⓐ 65mm以下で勾配は 50 分の 1 以上、ⓑ 75mm・100mmで勾配は 100 分の 1 以上、ⓒ 125mmで勾配は 150 分の 1 以上、ⓓ 150mmで勾配は 200 分の 1 以上である。

⑦一般に、管径が太いものほど緩やかな勾配となる。

3 排水設備（トラップ）

⑧排水設備は、二重トラップとならないように設置しなければならない。

⑨排水トラップの封水深は、トラップの形状を問わず、5cm以上 10cm以下である。

学習日	月 日	月 日	月 日	月 日
正答数	／7	／7	／7	／7

6編

排水設備(1)

過去問＋予想問！ 目標 4 分で答えよう

❏❏❏ マンションの建物内の排水方式として、汚水と雑排水を同一の排水系統で排出させる合流式を採用したことは、適切である。[H30-44-3] ☞①答○

❏❏❏ マンションの排水には、汚水、雑排水、雨水の3系統があるが、<u>雨水と雑排水は、同一の排水立て管を用いることがある。</u>[H27-44-4] ☞①②答×

❏❏❏ マンションの排水方式の分流式とは、「汚水」と「雑排水」とが別々の排水系統であることをいい、公共下水道の分流式とは、<u>「汚水」と「雑排水及び雨水」とが別々の下水系統であること</u>をいう。[H26-44-4] ☞②④答×

❏❏❏ 専有部分の排水横引管の管径が75mmの場合、円滑に排水を行うために最小勾配は<u>150分の1</u>とする。[H21-44-3] ☞⑥答×

❏❏❏ 敷地内に設置する排水横主管の管径が125mmの場合、円滑な排水ができるための最小勾配は<u>200分の1</u>である。[R3-43-1] ☞⑥答×

❏❏❏ トラップは、排水管中の臭気の逆流や害虫の侵入を防ぐために設置されるが、二重トラップとならないように設置し、容易に掃除ができる構造とする。[H23-44-2] ☞⑧答○

❏❏❏ 排水トラップの封水深は、トラップの形状を問わず、50mm以上100mm以下とする。[H18-44-1] ☞⑨答○

13 排水設備(2)

必ず出る! 基礎知識　目標 6 分で覚えよう

1 雨水排水設備

①雨水排水立て管は、汚水排水管もしくは通気管と兼用し、またはこれらの管に連結してはならない。雑排水管と兼用したり接続したりすることもできない。

②敷地内の排水のために埋設する雨水排水管の起点や合流箇所等には、保守点検や清掃を容易にするために、雨水排水ますを設置する。

③雨水排水ますには、深さ 150mm以上の泥だめ（泥だまり）を設けて、直接土砂が下水道等に流れ込まない構造とする。

④公共下水道が合流方式の場合、臭気が雨水系統へ逆流しないように、合流箇所にはトラップ機能を有するトラップますを設ける必要がある。

2 通気設備

⑤伸頂通気管とは、排水立て管の頂部を延長して大気中に開口したものをいう。

⑥通気立て管とは、その下端を排水立て管の下部または排水横主管に接続し、その上端を屋上またはその近辺で大気に開口する管で、排水立て管の流れを円滑にする機能を持つ。

⑦高層マンションで用いられる結合通気管とは、排水立て管内の排水立て管の下層階で生じた正圧、上層階で生じた負圧を緩和するために用いる。

学習日	月 日	月 日	月 日	月 日
正答数	／7	／7	／7	／7

◎ 過去問＋予想問！ **目標 4 分で答えよう** ◎

❏❏❏ 通気立て管は、その一部を雨水立て管と兼用することができる。[H14-44-4]　　　　　　　☞①答×

❏❏❏ 雨水排水ますには、土砂が下水道などに直接流れ込まないよう、泥だまりを設けたことは、適切である。[H30-44-1]　　　　　　　☞③答○

❏❏❏ 敷地内において雨水排水管と生活排水用の排水横主管を接続する場合には、臭気が雨水系統へ逆流しないように、トラップ機能を有する排水ますを設置することは、適切である。[H23-44-4]　　☞④答○

❏❏❏ 伸頂通気管は、排水横枝管の上流部分に接続し、屋上に立ち上げ、大気に開口する管で、排水横管内の流れをよくするために設けられる。[H14-44-1]

☞⑤答×

❏❏❏ 通気立て管は、その下端を排水立て管の下部又は排水横主管に接続し、その上端を屋上又はその近辺で大気に開口する管で、排水立て管の流れを円滑にする機能を有する。[H14-44-2]　　　☞⑥答○

❏❏❏ 高層のマンションにおいて、10階間隔程度で通気立て管と排水立て管を接続する結合通気管は、下層階で生じた正圧及び上層階で生じた負圧の両方の緩和に効果がある。[R2-44-1]　　　　☞⑦答○

❏❏❏ 排水立て管の頂部の伸頂通気管と排水立て管の基部とを接続する通気立て管方式は、下層階で生じた正圧を逃がすことができる。[R3-43-2]　　☞⑦答○

14 消防法・消防用設備(1)

必ず出る! 基礎知識 目標 6 分で覚えよう

1 防火管理者

①共同住宅で居住者の数が 50 人以上の場合、管理について権原を有する者は、防火管理者を定めなければならない。

②管理権原者は、防火管理者を選任・解任したときは、遅滞なくその旨を所轄消防長(消防本部を置かない市町村は市町村長)または消防署長に届け出なければならない。

③防火管理者の業務には、消防計画の作成が含まれる。

④防火管理者の業務には、消防計画に基づく消火・通報・避難の訓練の実施が含まれる。

⑤防火管理者により防火上の管理を行わなければならない防火対象物で、延べ面積が 500 ㎡以上のものの防火管理者は、甲種防火管理講習の課程を修了した者その他一定の資格を有する者でなければならない。

⑥高さ 31 mを超える高層建築物であって、その管理について権原が分かれているものの管理について権原を有する者は、統括防火管理者を協議して定めなければならない。

2 住宅用防災機器等の設置

⑦新築住宅・既存住宅を問わず、すべての住宅に住宅用防災警報器または住宅用防災報知設備の設置が義務づけられている。

6編

消防法・消防用設備(1)

過去問＋予想問! 目標 **4** 分で答えよう

❑❑❑ 収容人員が50人以上のリゾートマンション（すべて住宅の用に供されているものとする）は、防火管理者を設置しなければならない。[H14-24-4] ☞①答○

❑❑❑ 居住者が50人の共同住宅の管理について権原を有する者は、防火管理者を解任したときは、遅滞なくその旨を所轄消防長（消防本部を置かない市町村においては、市町村長。）又は消防署長に届け出なければならない。[R3-23-1] ☞②答○

❑❑❑ 100人が居住する共同住宅の防火管理者は、消防計画を作成するとともに、当該消防計画を所轄消防長（消防本部を置かない市町村においては、市町村長）又は消防署長に届け出なければならない。[H27-23-4] ☞③答○

❑❑❑ 防火管理者は、消防計画を作成し、所轄消防長又は消防署長に届け出るとともに、これに基づいて消火、通報及び避難の訓練等を定期的に実施しなければならない。[R2-23-2] ☞③④答○

❑❑❑ 高さ50mの共同住宅であって、その管理について権原が分かれているものの管理について権原を有する者は、統括防火管理者を協議して定めなければならない。[H27-23-2] ☞⑥答○

必ず出る！
基礎知識 目標 **6**分で覚えよう

1 消防用設備の設置・維持

①防火対象物の関係者は、消防用設備等について定期に点検を行い、その結果を消防長または消防署長に報告しなければならない。

2 消火設備

②消火器は、延べ面積 150㎡以上の場合等に設置する。

③屋内消火栓設備は、延べ面積 700㎡以上の場合等に設置する。

④1号消火栓は、消火栓からの有効範囲が半径 25 m以下。1人での操作は難しいため、通常2人以上で使用する。

⑤易操作性1号消火栓は、放水量は1号消火栓と同程度だが、1人でも操作可能である。

⑥2号消火栓は、消火栓からの有効範囲が半径 15 m以下。1人でも操作可能である。

⑦スプリンクラーは、一般的に用いられているのは湿式だが、寒冷地などでは配管内の水が凍ってしまうのを防ぐために乾式が用いられる。

⑧スプリンクラーは、原則として 11 階以上の部分に設置が義務づけられている。

3 警報設備

⑨自動火災報知設備は、マンションでは、原則として延べ面積 500㎡以上で設置が義務づけられている。

⑩共同住宅の地階であって、駐車の用に供する部分の存する階で、当該部分の床面積が 200㎡以上のものには、自動火災報知設備を設置しなければならない。

◎ **過去問＋予想問!** 目標 **4** 分で答えよう ◎

❑❑❑ 地階のない4階建てのマンションで、延べ面積が150㎡以上のものには、消火器又は簡易消火用具を設置しなければならない。[H16-25-1] ☞②答○

❑❑❑ 地上3階建、延べ面積500㎡の共同住宅においては、屋内消火栓を階ごとに設けなければならない。[H28-23-4] ☞③答×

❑❑❑ 屋内消火栓設備において、易操作性1号消火栓及び2号消火栓は、火災時に1名でも操作ができる。[H22-45-3] ☞⑤⑥答○

❑❑❑ 閉鎖型スプリンクラー設備には、配管内を常時充水しておく湿式と空管にしておく乾式などがあり、一般に寒冷地では乾式が使用される。[R3-44-3] ☞⑦答○

❑❑❑ マンションの11階以上の階には、総務省令で定める部分を除き、スプリンクラー設備を設置しなければならない。[H25-23-1] ☞⑧答○

❑❑❑ 地階のない4階建てのマンションで、延べ面積が500㎡以上のものには、自動火災報知設備を設置しなければならない。[H23-23-1] ☞⑨答○

❑❑❑ 共同住宅の地階であって、駐車の用に供する部分の存する階（駐車するすべての車両が同時に屋外に出ることができる構造の階を除く。）で、当該部分の床面積が100㎡以上のものには、自動火災報知設備を設置しなければならない。[H28-23-3] ☞⑩答×

1 避難設備

①誘導灯は、共同住宅（マンション等）では地階・無窓階・11 階以上の部分について設置が義務づけられている。

2 消火活動上必要な施設

②連結送水管は、5 階（地階を除く）以上で延べ面積 6,000㎡以上の場合、または 7 階（地階を除く）以上の場合に設置が義務づけられる。

③連結送水管の放水口は、3 階以上の階に設置する。

④非常コンセント設備は、11 階以上（地階を除く）の場合に設置が義務づけられ、11 階以上の階の消防隊が有効に消火活動をできる場所（階段室や非常用エレベーターの乗降ロビー等）に設置される。

3 消防用設備等の点検・報告

⑤機器点検とは、従来の作動点検・外観点検・機能点検が統合されたものである。消防用設備等の種類に応じて確認する点検で、6 か月に 1 回行うものをいう。

⑥総合点検とは、消防用設備等の一部または全部を作動させて、総合的な機能を確認する点検で、1 年に 1 回行うものをいう。

⑦防火対象物の関係者は、マンションの場合、3 年に 1 回、消防長または消防署長に点検結果を報告しなければならない。

⑧消防用設備において、設置後 10 年を経過した連結送水管は、3 年ごとに、配管の耐圧性能試験を行わなければならない。

学習日	月 日	月 日	月 日	月 日
正答数	／6	／6	／6	／6

過去問＋予想問！ 目標 **4** 分で答えよう

❏❏❏ 地階のない4階建てのマンションで延べ面積が500㎡以上のものには、避難口誘導灯を設置しなければならない。[H16-25-2]　☞①答×

❏❏❏ 地階のない4階建てのマンションで延べ面積が1,000㎡以上のものには、連結送水管を設置しなければならない。[H23-23-2]　☞②答×

❏❏❏ 非常コンセント設備は、地階のない、10階建ての共同住宅には設置する必要がない。[R4-23-2]

☞④答○

❏❏❏ 延べ面積が1,000㎡以上の共同住宅のうち、消防長又は消防署長が火災予防上必要があると認めて指定するものの関係者は、当該共同住宅における消防用設備等について、機器点検は6ヵ月に1回、総合点検は1年に1回、消防設備士免状の交付を受けている者又は総務省令で定める資格を有する者に実施させなければならない。[R2-23-4]　☞⑤⑥答○

❏❏❏ 消防用設備等は、消防設備士等の資格者により、6か月に1回の機器点検及び1年に1回の総合点検を行い、その都度、消防長又は消防署長に報告しなければならない。[H19-44-4]　☞⑤⑥⑦答×

❏❏❏ 消防用設備において、設置後10年を経過した連結送水管は、5年ごとに配管の耐圧性能試験を行わなければならない。[H28-45-4]　☞⑧答×

17 昇降機設備

1 構造に関する規定

①ロープ式は<u>上部</u>に機械室を設け、油圧式は<u>下部</u>に機械室を設ける。

②ロープ式では、近年、機械室をなくした<u>マシンルームレス型エレベーター</u>が主流である。

③<u>戸開走行保護装置</u>とは、駆動装置または制御器が故障し、戸が閉じる前にかごが昇降した場合、自動的にかごを制止する装置である。

④<u>地震時管制運転装置</u>とは、地震等の加速度を検知して自動的にかごを昇降路の<u>最寄りの階</u>の出入口の戸の位置に停止させ、かつ、かごの出入口及び昇降路の出入口の戸を開くことができる安全装置である。新設する際には、<u>予備電源</u>を設ける必要がある。

⑤<u>火災時管制運転装置</u>とは、防災センター等の監視盤に設けた火災管制スイッチや自動火災報知器からの信号により、火災時にエレベーターを一斉に<u>避難階</u>へ呼び戻して運転を休止させる装置である。

2 保守契約

⑥標準管理委託契約書では、エレベーターの点検方式は<u>フルメンテナンス契約</u>か <u>POG 契約</u>のどちらかを選択することとされている。

⑦フルメンテナンス契約には、<u>修繕費</u>は含まれるが、<u>乗場扉</u>等については含まれない。

⑧POG 契約には、<u>定期的点検</u>や<u>消耗品</u>の交換は含まれるが、それ以外の部品の取替え等は含まれない。

学習日	月 日	月 日	月 日	月 日
正答数	／6	／6	／6	／6

過去問＋予想問！ 目標 4 分で答えよう

❏❏❏ 油圧式エレベーターの場合、一般に最上階に機械室を設置することが多い。[H13-40-2] ☞①答×

❏❏❏ 最近の新築マンションでは、エレベーター昇降路内等に機器を設置したマシンルームレス型エレベーターが主流となっている。[H21-45-4] ☞②答○

❏❏❏ 新設する乗用エレベーターに設置する地震時等管制運転装置には、予備電源を設ける。[R01-45-4] ☞④答○

❏❏❏ 地震時管制運転装置とは、地震等の加速度を検知して自動的にかごを昇降路の避難階の出入口の戸の位置に停止させ、かつ、かごの出入口及び昇降路の出入口の戸を開くことができる安全装置である。[予想問] ☞④答×

❏❏❏ エレベーターのいわゆるフルメンテナンス契約とは、昇降機器の部品取替え、機器の修理を状況に合わせて行うことを内容とした契約方式であるが、乗場扉・三方枠の塗装、意匠変更による改造等一定のものは含まれない。[予想問] ☞⑦答○

❏❏❏ エレベーターのいわゆる POG 契約は、定期点検及び管理仕様範囲内の消耗品の交換を含み、それ以外の部品の取替え及び修理は、原則として含まない。[H21-45-3] ☞⑧答○

18 電気設備

1 電気設備

①電力総量が <u>50kW</u> 未満であれば低圧引込み、<u>50kW</u> 以上であれば高圧引込み・特別高圧引込みによるのが原則である。

②<u>高圧引込み・特別高圧引込み</u>の場合には、建物に電力会社が使用する電気室を設け、引き込んだ電気を低圧に変圧して、各住戸に電力を提供する。

③<u>単相3線式</u>とは、3本の電線のうち、真ん中の中性線と上または下の電圧線を利用すれば <u>100</u> ボルト、中性線以外の上と下の電圧線を利用すれば <u>200</u> ボルトが利用できる方式である。

④<u>単相2線式</u>とは、電圧線と中性線の2本の線を利用する方式である。そのため、単相3線式とは異なり、<u>100</u> ボルトしか使用することができない。

2 住宅用分電盤

⑤サービスブレーカーは、<u>電力会社</u>の所有物である。

⑥漏電ブレーカー・安全ブレーカーは、<u>消費者</u>の所有物である。

3 電気工作物

⑦一般用電気工作物とは、電気設備の規模が小さい、一般の住宅や小売商店などの電気設備で、<u>600</u> ボルト以下で受電するものや小出力発電設備のことをいう。

⑧事業用電気工作物とは、一般用電気工作物以外の電気工作物をいい、用途（自家用・事業用）によって<u>自家用電気工作物</u>と電気事業の用に供する電気工作物にわかれる。

● 過去問＋予想問！ **目標 4 分で答えよう** ●

□□□ 小規模のマンションで、各住戸の契約電力と共用部分の契約電力の総量が 50kW 未満の場合には、低圧引込みにより電気が供給される。[H20-45-3] ☞①答○

□□□ 一棟の契約電力の総量が 50kW 以上の場合には、変圧のために電力会社が電気室を借室するのが一般的である。[H14-45-1]　　　　　　　　☞①②答○

□□□ 住戸内に単相３線式の配線が行われていれば、100Vのコンセントのほか、大型の家電用に 200V の電源が使用できる。[H14-45-2]　　　　　　☞③答○

□□□ 住宅用分電盤内には、サービスブレーカー（アンペアブレーカーとも呼ばれている）、漏電遮断器、安全ブレーカーが設置されているが、これらはすべて電力会社の所有物である。[予想問]　☞⑤⑥答×

□□□ マンションの敷地内に電力会社用の専用借室を設けて 600 ボルト以下の電圧で受電し、その電気を当該マンションの敷地内で使用するための電気工作物は、一般用電気工作物に該当する。[予想問]　☞⑦答○

□□□ 事業用電気工作物とは、一般用電気工作物以外の電気工作物をいい、用途（自家用・事業用）によって自家用電気工作物と電気事業の用に供する電気工作物にわかれる。[予想問]　　　　　　☞⑧答○

19 その他の設備（換気・ガス）

1 換気設備

①第1種換気は、給気・排気とも機械換気である。居室に用いられる熱交換型換気設備（例セントラル空調方式の住宅）・機械室・電気室等に採用される。

②第2種換気は、給気のみ機械換気で、排気は自然換気である。室内へ清浄な空気を供給する場合に、製造工場など限られた建物で使用される。

③第3種換気は、排気のみ機械換気で、給気は自然換気である。室内は負圧になるため、他の部屋に汚染空気が入らない。

2 ガス設備

④白ガス管（亜鉛メッキ鋼管）は、20年程度の埋設により腐食し、ガス漏れ被害が生ずるおそれがあるため、現在、白ガス管を新設することは禁止されている。

⑤現在、ガス管には、耐食性・耐震性に優れるポリエチレン管等が使用されている。

⑥都市ガス用のガス漏れ警報器の有効期間は、5年である。

⑦マイコンメーターは、震度5弱以上の地震を感知すると自動的にガスを遮断し、警報を表示する。

⑧一般に使用されるガス栓は、一度に大量のガスが流れた場合やコードが切れたり外れたりした場合にガスが自動的に止まる、ヒューズ機能付きのものが用いられている。

学習日	月 日	月 日	月 日	月 日
正答数	／6	／6	／6	／6

過去問＋予想問！ 目標 **4** 分で答えよう

❏❏❏ 熱交換型換気扇は、室内から排気する空気の熱を回収し、屋外から給気する空気に熱を伝えることで熱損失を少なくさせた第二種機械換気設備である。[R2-45-2]　☞①答✕

❏❏❏ 第2種換気は、給気は自然換気で、排気は機械換気の形式である。[予想問]　☞②答✕

❏❏❏ 浴室等で使用する第三種換気方式は、必要換気量を確保するため、換気扇の運転時に十分に給気を確保できるように給気口を設置する必要がある。[H22-44-2]　☞③答○

❏❏❏ ガス配管の土中に埋設されている白ガス管（亜鉛メッキ鋼管）は、30年程度経過すると漏洩しやすくなる。[H27-45-3]　☞④答✕

❏❏❏ 土中に埋設されていたガス管が腐食したため、白ガス管（亜鉛めっき鋼管）に交換して再び埋設したことは、適切である。[H19-43-2]　☞④答✕

❏❏❏ ガス設備のマイコンメーターは、計量器としての機能のほか、ガスが異常に多量又は長時間流れたり、震度5弱程度以上の大きな地震があると、自動的にガスを遮断し、警報を表示する機能がある。[H20-44-4]　☞⑦答○

必ず出る！基礎知識　目標 **6**分で覚えよう

1 外壁の劣化現象

①白華現象（エフロレッセンス）とは、セメントの石灰が水に溶けてコンクリート表面に染み出し、空気中の炭酸ガスと化合して白色化する現象である。外壁のひび割れ部分に雨水が浸入したことなどにより発生する。

②白亜化（チョーキング）とは、塗装やシーリング材の表面で、顔料などが粉状になって表れる現象である。紫外線・熱・水分などによって劣化することにより発生する。

③ポップアウトとは、コンクリートの表面の一部分が円錐形のくぼみ状に破壊された現象である。コンクリートの骨材が内部で膨張し一部が劣化したことにより発生する。

④外壁のタイルのひび割れは、下地のモルタルやコンクリートの方に乾燥収縮や中性化等によりひび割れが生じたことを原因としていることが多い。

2 外壁の診断

⑤外壁タイルの浮きの簡易診断を行う場合には、外壁打診用ハンマー（テストハンマー）で手の届く範囲を部分打診して、その打音により浮きの有無及び程度を判断する。

3 補修工事

⑥コンクリート部分に発生しているひび割れの補修工事でエポキシ樹脂注入工法を行う場合、低速低圧で注入するのが一般的である。

⑦Uカットシール材充填工法とは、U字型にカットして、その部分にシーリング材等を充填する工法である。

学習日	月 日	月 日	月 日	月 日
正答数	／6	／6	／6	／6

○ **過去問＋予想問！** **目標4分で答えよう** ○

❏❏❏ エフロレッセンスとは、硬化したコンクリートの表面に出た白色の物質をいい、セメント中の石灰等が水に溶けて表面に染み出し、空気中の炭酸ガスと化合してできたものが主成分であり、コンクリート中への水の浸透等が原因で発生する。[H24-36-3]
☞①答○

❏❏❏ 外壁塗装の白亜化は、下地のコンクリート中の石灰等が水に溶けて塗装面にしみ出すことをいう。[R4-37-3] ☞①②答✕

❏❏❏ ポップアウトの原因の一つは、コンクリートの内部の部分的な膨張圧である。[R3-38-ウ] ☞③答○

❏❏❏ 外壁に張られたタイルのひび割れは、タイル自体が原因であることがほとんどであり、その下地のモルタルやコンクリートが原因であることは少ない。[H27-36-2] ☞④答✕

❏❏❏ コンクリート部分に発生しているひび割れの補修工事で樹脂注入工法を行う場合、注入する圧力は、樹脂を行き渡らせるために、できるだけ高圧とすることが一般的である。[H29-38-4] ☞⑥答✕

❏❏❏ Uカットシール材充填工法とは、ひび割れ部分の挙動が大きい場合に、ひび割れ部分をU字型にカットして、その部分にシーリング材等を充填する工法である。[H24-38-2] ☞⑦答○

1 診断方法

①軽量床衝撃音に対する遮音性を調査するためには、<u>タッピングマシン</u>を用いる。

②設備配管の継手の劣化状況の診断に用いる調査機器としては、<u>内視鏡（ファイバースコープ）</u>や<u>X線透過装置</u>などがある。

③<u>クラックスケール</u>は、コンクリートのひび割れの幅や長さの診断の際に用いられる。深さは測定できない。

④コンクリートの中性化深さの調査には、コア抜きしたコンクリートに<u>フェノールフタレイン溶液</u>を噴霧する。アルカリ性で<u>赤色</u>に反応し、中性や酸性では<u>無色</u>。

⑤鉄筋のかぶり厚さ等は、<u>電磁波レーダ</u>を使用して調査する。

⑥リバウンドハンマー（シュミットハンマー）は、コンクリートの<u>圧縮強度</u>を測定する用具である。

⑦針入度試験は、<u>アスファルト</u>の硬さを調べる試験である。

⑧<u>赤外線サーモグラフィ法</u>は、タイル・モルタル面の浮き等の程度を調査するものである。

⑨<u>超音波法</u>は、コンクリートの内部の状態（ひび割れの深さ）を調査するものである。

学習日	月 日	月 日	月 日	月 日
正答数	／7	／7	／7	／7

過去問＋予想問！ **目標 4 分で答えよう**

❑❑❑ コンクリートのクラックの深さの診断には、クラックスケールを用いて測定する方法がある。[H15-39-1]
☞③答×

❑❑❑ コンクリートの中性化深さの調査に当たって、コア抜きしたコンクリートにフェノールフタレイン溶液を噴霧し、赤色に変化した部分を中性化部分として測定したことは、適切である。[H22-38-3] ☞④答×

❑❑❑ 鉄筋のかぶり厚さの調査を行う場合、電磁波レーダを使用する。[H23-37-1] ☞⑤答○

❑❑❑ コンクリート打放し仕上げの外壁にひび割れが生じたので、リバウンドハンマーによってひび割れの幅と深さを調査したことは、適切である。[H25-36-3]
☞③⑥⑨答×

❑❑❑ 調査の目的が、コンクリート強度の測定である場合、針入度試験を行う。[H24-37-イ] ☞⑦答×

❑❑❑ 赤外線サーモグラフィ法は、外壁タイルの浮きを調査・診断することを目的としている。[H18-37-1]
☞⑧答○

❑❑❑ 超音波法は、コンクリートの中性化深さを調査・診断することを目的としている。[H18-37-4] ☞⑨答×

22 長期修繕計画

1 大規模修繕の方式

①設計監理方式とは、修繕設計と工事監理を設計事務所に委託し、工事施工は施工業者に委託する方式を指すのが一般的である。

②責任施工方式とは、調査診断・修繕設計・工事施工及び工事監理を同一業者に委ねる方式を指すのが一般的である。

③設計監理方式は、別の業者によるチェックが入るため、責任施工方式に比べて、工事の適正な実施などについて明瞭となる。

2 長期修繕計画

④推定修繕工事は、建物及び設備の性能・機能を工事時点における新築物件と同等の水準に維持・回復する修繕工事を基本とする。

⑤長期修繕計画の見直しに当たっては、必要に応じて専門委員会を設置するなど、検討を行うために管理組合内の体制を整えることが必要である。

⑥計画期間は30年以上で、かつ大規模修繕工事を2回含める期間以上とする必要がある。

⑦推定修繕工事費用には、長期修繕計画の見直しの費用も含まれる。

⑧長期修繕計画は5年程度ごとに調査・診断を行い、その結果に基づいて見直すことが必要である。併せて修繕積立金の額も見直す。

⑨修繕周期の近い工事項目は、経済性等を考慮し、なるべくまとめて実施する。

学習日	月 日	月 日	月 日	月 日
正答数	／6	／6	／6	／6

● 過去問＋予想問！ 目標 **4** 分で答えよう ●

□□□ 設計監理方式とは、修繕設計と工事監理を設計事務所に委ね、工事施工は施工業者に委ねる方式を指すのが一般的である。[H15-36-1]　　　☞①答○

□□□ 大規模修繕工事を責任施工方式で行う場合は、設計者と施工者との意思疎通が図りやすいため、修繕工事の厳正なチェックが期待できる。[H28-38-2]
☞②答×

□□□ 設計監理方式は、責任施工方式に比べて、工事内容と費用内訳の関係が不明瞭となりやすい。[R3-37-4]
☞③答×

□□□ 長期修繕計画の計画期間は、30年以上、又は大規模修繕工事が2回含まれる期間以上とする。[R4-36-3]　　　☞⑥答×

□□□ 長期修繕計画は10年程度ごとに調査・診断を行い、その結果に基づいて見直すことが必要である。修繕積立金の額の見直しは、区分所有者の負担増になるため行わない。[予想問]　　　☞⑧答×

□□□ 長期修繕計画の作成・見直しに当たって、計画期間内における推定修繕工事費の総額を削減するために、推定修繕工事の時期を計画期間内で分散させるのは、適切である。[H30-38-2]　　　☞⑨答×

第 7 編

建築関連法規

1　区域区分の指定

①一体の都市として総合的に整備・開発・保全される必要のある区域を、都市計画区域という。行政区画とは無関係に定められる。

②都市計画区域は、市街化区域と市街化調整区域に区分することができる（区域区分）。この区分は、必ずしなければならないわけではない。

③市街化区域とは、すでに市街地を形成している区域及び概ね 10 年以内に優先的かつ計画的に市街化を図るべき区域をいう。

④市街化調整区域とは、市街化を抑制すべき区域をいう。

⑤区域区分をしていない区域を、区域区分が定められていない都市計画区域（非線引区域）という。

⑥準都市計画区域とは、都市計画区域外の場所で、街づくりはしないけれども、乱開発を防止し、環境を保全するために規制をかける区域をいう。

2　都市施設

⑦都市計画区域では、都市計画に、道路・公園・下水道等の都市施設を定めることができる。特に必要があれば、都市計画区域外に定めることもできる。

3　用途地域

⑧市街化区域には、少なくとも用途地域を定める。

⑨市街化調整区域には、原則として用途地域を定めない。

⑩非線引区域・準都市計画区域には、用途地域を定めることもできる。

学習日	月　日	月　日	月　日	月　日
正答数	／6	／6	／6	／6

過去問＋予想問！ 目標 **4** 分で答えよう

7編

都市計画法(1)

❏❏❏　都市計画区域については、<u>必ず市街化区域と市街化調整区域との区分を定める</u>ものとされている。[H22-21-1]　☞②答×

❏❏❏　市街化区域は、すでに市街地を形成している区域及びおおむね 10 年以内に優先的かつ計画的に市街化を図るべき区域とされている。[H22-21-2]　☞③答○

❏❏❏　市街化調整区域は、市街化を抑制すべき区域とされている。[H22-21-3]　☞④答○

❏❏❏　都市計画区域については、都市計画に、道路、公園、緑地、教育文化施設等の都市施設を定めることができるが、特に必要があるときは、当該都市計画区域外においても、これらの施設を定めることができる。[H24-21-1]　☞⑦答○

❏❏❏　市街化区域については、少なくとも用途地域を定めるものとされ、市街化調整区域については、原則として用途地域を定めないものとされている。[R01-20-1]　☞⑧⑨答○

❏❏❏　準都市計画区域については、都市計画に、<u>用途地域を定めることができない</u>。[H29-20-4]　☞⑩答×

2 都市計画法(2)

1 補助的地域地区

①特別用途地区は、用途地域内で、当該用途地域の指定を補完する地区である。

②高層住居誘導地区は、住居と住居以外の用途を適正に配分する地区である。第1種住居地域・第2種住居地域・準住居地域・近隣商業地域・準工業地域で定められる。

③高度地区は、建築物の高さの最高限度または最低限度を定める地区である。

④高度利用地区は、建築物の容積率の最高限度・最低限度、建蔽率の最高限度等を定める地区である。

⑤特定街区は、市街地の整備改善を図るため街区の整備または造成が行われる地区について、その街区内における建築物の容積率、建築物の高さの最高限度、壁面の位置の制限を定める街区である。

⑥特定用途制限地域は、用途地域が定められていない土地の区域内において、制限すべき特定の建築物等の用途の概要を定める地域である。

2 都市計画

⑦市街地開発事業は、市街化区域または非線引区域内で定められる。準都市計画区域で定めることはできない。

⑧市町村が定めた都市計画が、都道府県が定めた都市計画と抵触するときは、その範囲内において、都道府県が定めた都市計画が優先される。

⑨市町村が都市計画を決定する場合、あらかじめ知事との協議が必要である。

学習日	月　日	月　日	月　日	月　日
正答数	／5	／5	／5	／5

過去問＋
予想問！　**目標4分で答えよう**

❑❑❑　高層住居誘導地区は、住居と住居以外の用途とを適正に配分し、利便性の高い高層住宅の建設を誘導するため、建築物の容積率の最高限度、建築物の建蔽率の最高限度及び建築物の敷地面積の最低限度を定める地区である。[H13-27-2]　　　　☞②答○

❑❑❑　第一種中高層住居専用地域及び第二種中高層住居専用地域においては、<u>高層住居誘導地区を定めることができる</u>。[H25-21-3]　　　　☞②答×

❑❑❑　高度利用地区は、市街地における土地の合理的かつ健全な高度利用と都市機能の更新を図るため、建築物の容積率の最高限度及び最低限度、建築物の建蔽率の最高限度、建築物の建築面積の最低限度などを定める地区である。[H13-27-1]　　　　☞④答○

❑❑❑　特定用途制限地域は、<u>用途地域のうち</u>、その良好な環境の形成又は保持のため当該地域の特性に応じて合理的な土地利用が行われるよう、制限すべき特定の建築物等の用途の概要を定める地域である。[H23-21-4]　　　　☞⑥答×

❑❑❑　都道府県が定めた都市計画が、市町村が定めた都市計画と抵触するときは、その限りにおいて、<u>市町村が定めた都市計画が優先する</u>ものとされている。[H28-20-1]　　　　☞⑧答×

3 建築基準法(1)

1 算定方法

①特定行政庁が指定する幅員<u>4</u> m未満の道路の中心線からの水平距離が<u>2</u> mまでの部分は、敷地面積に算入しない。

②地階で地盤面上<u>1</u> m以下にある部分は、建築面積に算入しない。

③<u>軒</u>・<u>ひさし</u>・<u>バルコニー</u>等で、外壁または柱の中心線から水平距離<u>1</u> m以上突き出したものがある場合において、その端から水平距離<u>1</u> m後退した線で囲まれた部分は、建築面積に算入しない。

④床面積の算定方法は、壁その他の区画の<u>中心線</u>で囲まれた部分の<u>水平投影面積</u>による。

⑤棟飾、防火壁の屋上突出部その他これらに類する<u>屋上突出物</u>については、建築物の高さに算入されない。

⑥建築物の屋上に設ける<u>階段室</u>・<u>昇降機塔</u>・<u>装飾塔</u>・<u>物見塔</u>・<u>屋窓</u>等で、水平投影面積の合計が当該建築物の建築面積の<u>8分の1</u>以内である場合、その部分の高さが<u>12</u> mまでの部分については、建築物の高さに算入されない。

⑦<u>昇降機塔</u>・<u>装飾塔</u>・<u>物見塔</u>等の屋上部分または地階の<u>倉庫</u>・<u>機械室</u>等の建築部分で、水平投影面積の合計が建築物の建築面積の<u>8分の1</u>以下のものは、建築物の階数に算入されない。

⑧建築物の敷地が<u>斜面</u>または<u>段地</u>である場合で、建築物の部分によって階数を異にする場合、これらの階数のうち<u>最大</u>のものがその建築物の階数となる。

学習日	月 日	月 日	月 日	月 日
正答数	／5	／5	／5	／5

過去問＋予想問！ 目標 **4** 分で答えよう

7編

建築基準法(1)

❏❏❏ 特定行政庁が指定する幅員5m未満の道路の中心線からの水平距離が2.5mまでの部分は、敷地面積に算入しない。[予想問]　☞①答×

❏❏❏ 地階で、地盤面上1m以下にある部分は、建築面積に算入されない。[予想問]　☞②答○

❏❏❏ 軒・ひさし・バルコニー等で、外壁又は柱の中心線から水平距離3m以上突き出したものがある場合において、その端から水平距離3m後退した線で囲まれた部分は建築面積に算入しない。[予想問]

☞③答×

❏❏❏ 階数の算定において、昇降機塔、装飾塔、物見塔その他これらに類する建築物の屋上部分または地階の倉庫、機械室その他これらに類する建築物の部分で、水平投影面積の合計がそれぞれ当該建築物の建築面積の10分の1以下のものは、当該建築物の階数に算入しない。[予想問]　☞⑦答×

❏❏❏ 建築物の敷地が斜面または段地である場合で、建築物の部分によって階数を異にする場合においては、これらの階数のうち最小のものが、その建築物の階数となる。[予想問]　☞⑧答×

4 建築基準法(2)

1 定期調査・定期検査の報告等

①建築物の定期調査や特定建築物の設備等の定期検査は、一級建築士・二級建築士・建築物調査員資格者証の交付を受けている者が行わなければならない。

②特殊建築物の定期調査は、6か月～3年に1回実施し、その結果を特定行政庁に報告しなければならない。

③防火設備・建築設備・昇降機等の各定期検査は、6か月～1年に1回実施し、その結果を特定行政庁に報告しなければならない。

④防火設備の定期検査は、一級建築士・二級建築士・防火設備検査員が行わなければならない。

⑤建築設備の定期検査は、一級建築士・二級建築士・建築設備検査員が行わなければならない。

⑥昇降機等の定期検査は、一級建築士・二級建築士・昇降機等検査員が行わなければならない。

2 維持・保全

⑦建築物の所有者（区分所有者）・管理者（管理組合）・占有者（借主等）は、建築物の敷地・構造・建築設備を常時適法な状態に維持するよう努めなければならない。

⑧特殊建築物等の所有者・管理者は、必要に応じて、建築物の維持・保全に関する準則または計画を作成し、適切な措置を講じなければならない。

⦿　過去問＋予想問！　**目標 4分で答えよう**　⦿

7編

建築基準法 (2)

❏❏❏　共同住宅に設ける昇降機の所有者（所有者と管理者が異なる場合においては、管理者）は、定期に、一級建築士若しくは二級建築士又は建築設備等検査員資格者証のうち昇降機等検査員資格者証の交付を受けている者に検査をさせて、その結果を特定行政庁に報告しなければならない。[H29-21-1]　☞②⑥答○

❏❏❏　防火設備の定期検査は、一級建築士・二級建築士・防火設備検査員が行わなければならない。[予想問]　☞④答○

❏❏❏　建築設備の定期検査は、一級建築士・二級建築士・建築設備検査員が行わなければならない。[予想問]　☞⑤答○

❏❏❏　昇降機等の定期検査は、一級建築士・二級建築士・昇降機等検査員が行わなければならない。[予想問]　☞⑥答○

❏❏❏　建築物の所有者（区分所有者）・管理者（管理組合）・占有者は、建築物の敷地・構造・建築設備を常時適法な状態に維持するよう努めなければならない。[予想問]　☞⑦答○

❏❏❏　特殊建築物等の所有者・管理者は、必要に応じて、建築物の維持・保全に関する準則または計画を作成し、適切な措置を講じなければならない。[予想問]　☞⑧答○

5 建築基準法(3)

1 単体規定

①住宅等の居室には、採光のための窓等の開口部を設け、採光に有効な部分の面積は、居室の床面積に対して、住宅では原則として7分の1以上としなければならない。

②居室には、換気のための窓等の開口部を設け、換気に有効な部分の面積は、居室の床面積に対して、原則として20分の1以上としなければならない。ただし、一定の技術的基準に沿った換気設備を設けた場合は、その必要がない。

③居室の天井の高さは、2.1 m以上でなければならない。1室で天井の高さが異なる部分がある場合は、その平均の高さによる。

④居室では、シックハウス対策として、換気回数0.5回/h以上の機械換気設備の設置が必要である。

⑤建築材料に石綿その他の著しく衛生上有害なものとして政令で定める物質を添加してはならない。

⑥吹付けロックウールで、その含有する石綿の重量が建築材料の0.1％以下のものは、建築材料として使用することができる。

⑦建築基準法で規制対象となる化学物質は、ホルムアルデヒドとクロルピリホスである。

⑧高さ20 mを超える建築物には、原則として、避雷設備の設置が必要である。

⑨高さ31 mを超える建築物には、原則として、昇降機設備の設置が必要である。

過去問＋予想問！ **目標４分で答えよう**

7編

建築基準法(3)

❏❏❏ 共同住宅の居住のための居室には、採光のための窓その他の開口部を設け、その採光に有効な部分の面積は、その居住の床面積に対して 10 分の 1 以上としなければならない。[R2-21-3] ☞①答×

❏❏❏ 居室には換気のための窓その他の開口部を設け、その換気に有効な部分の面積は、その居室の床面積に対して、20 分の 1 以上としなければならないが、一定の技術的基準に従って換気設備を設けた場合は、その必要はない。[H18-21-3] ☞②答○

❏❏❏ 共同住宅の居室の天井の高さは、2.1 m以上でなければならず、その高さは室の床面から測り、一室で天井の高さの異なる部分がある場合においては、その一番低い部分の高さによるものとする。[H16-20-1] ☞③答×

❏❏❏ 高さ 20 mを超える建物には、落雷による損傷の危険を減少させるため、周囲の状況に応じて安全上支障がない場合を除いて、有効に避雷設備を設けなければならない。[H24-45-4] ☞⑧答○

❏❏❏ 高さ 31 mを超える共同住宅には高さ 31 mを超える部分を階段室の用途に供するもの等一定のものを除き、非常用の昇降機を設けなければならない。[H18-21-2] ☞⑨答○

必ず出る! 基礎知識 目標 **6** 分で覚えよう

1 単体規定

①階段及び踊り場の幅は、直上階の居室の床面積が 200㎡ 超の場合は、120cm以上としなければならない。

②手すり及び階段の昇降を安全に行うための設備で、高さが 50cm以下のものが設けられた場合における階段・踊り場の幅は、10cmを上限として、手すり等の幅をないものとみなして算定する。

③回り階段の踏面の寸法は、踏面の狭い方の端から 30cmの位置において測る。

④高さ 1 m超の階段には、手すりを設置しなければならない。また、高さ 1 m超の階段・踊り場の両側（手すりが設けられた側を除く）には、側壁等を設置する必要がある。

⑤共同住宅の住戸等の床面積の合計が 100㎡を超える階における共用廊下は、両側とも居室の場合は 1.6 m以上、上記以外（片側居室）の場合は 1.2 m以上としなければならない。

⑥避難階以外の階（その階の居室の床面積の合計が 100㎡以内のものを除く）では、その階から避難階または地上に通ずる 2 以上の直通階段を設けなければならない。

⑦避難階とは、直接地上へ通ずる出入口のある階をいう。通常は 1 階だが、敷地の形状等によっては 1 階以外の階が避難階となることもある。

⑧階段に代わる傾斜路の勾配は、8分の1 を超えてはならない。

学習日	月 日	月 日	月 日	月 日
正答数	／6	／6	／6	／6

過去問＋予想問！ 目標 **4** 分で答えよう

7編

建築基準法(4)

❏❏❏ 階段や踊り場に高さが50cm以下の手すりを設置する場合、建築基準法によれば、手すりの出幅10cmを限度として、手すりがないものとみなして、その幅を算定することができる。[H16-41-3]　　☞②答○

❏❏❏ <u>高さ70cmを超える階段</u>の部分には手すりを設けなければならず、手すりが設けられていない側には、側壁又はこれに代わるものを設けなければならない。[H22-20-2]　　☞④答×

❏❏❏ 片廊下型マンションの場合は、規模にかかわらず、廊下の有効幅員は、<u>90cm以上</u>でなければならない。[H14-41-1]　　☞⑤答×

❏❏❏ 避難階以外の階（その階の居室の床面積の合計が100㎡以内のものを除く）では、その階から避難階又は地上に通ずる2以上の直通階段を設けなければならない。[H24-41-2]　　☞⑥答○

❏❏❏ 避難階とは、地上又は地上に準ずる避難上安全な場所に直接通ずる出入口のある階をいい、1階以外の階が避難階となることがある。[H24-41-1]　　☞⑦答○

❏❏❏ 建築基準法によれば、階段に代わる傾斜路を設ける際は、勾配が<u>12分の1</u>を超えてはならない。[H28-41-4]　　☞⑧答×

必ず出る！
基礎知識　目標 **6**分で覚えよう

1 単体規定

①非常用照明は<u>直接照明</u>とし、床面において<u>1</u>ルクス（蛍光灯・LED が光源の場合は<u>2</u>ルクス）以上の照度を確保する。

②停電時の予備電源として蓄電池を用いるものにあっては、充電を行うことなく<u>30</u>分継続して点灯し、必要な照度を確保できるものとする。

③屋外に設ける避難階段に屋内から通ずる出口及び避難階段から屋外に通ずる出口等に設ける戸の施錠装置は、屋内から<u>かぎ</u>を用いることなく解錠できるものとし、かつ、戸の近くの見やすい場所にその解錠方法を表示しなければならない。

④屋上広場または2階以上の階のバルコニー等の周囲には、高さが<u>1.1</u> m 以上の<u>手すり壁</u>・<u>さく</u>等を設けなければならない。

⑤火災時等における避難経路を確保するため、敷地内には、屋外の避難階段及び屋外への出口から道や公園等の空地に通ずる幅員が<u>1.5</u> m 以上の通路を設けなければならない。

⑥延べ面積が<u>1,000</u>㎡を超える建築物は、<u>耐火建築物</u>・<u>準耐火建築物</u>を<u>除き</u>、防火上有効な構造の<u>防火壁</u>または<u>防火床</u>によって有効に区画し、かつ、各区画の床面積の合計をそれぞれ<u>1,000</u>㎡以内としなければならない。

学習日	月　日	月　日	月　日	月　日
正答数	／6	／6	／6	／6

過去問＋予想問！ 目標 4 分で答えよう

7編

建築基準法(5)

□□□ 非常用照明は直接照明とし、床面において<u>3ルクス</u>（蛍光灯・LED が光源の場合は<u>5ルクス</u>）以上の照度を確保する。[予想問] ☞①答✕

□□□ 停電時の予備電源として蓄電池を用いるものにあっては、充電を行うことなく <u>10 分</u>継続して点灯し、必要な照度を確保できるものとする。[予想問]
☞②答✕

□□□ 屋外に設ける避難階段に屋内から通ずる出口及び避難階段から屋外に通ずる出口等に設ける戸の施錠装置は、屋内からかぎを用いることなく解錠できるものとし、かつ、戸の近くの見やすい場所にその解錠方法を表示しなければならない。[予想問] ☞③答○

□□□ 2 階にあるバルコニーの周囲に、転落防止のため、高さ 1.1m の手すり壁を設けたことは適切である。[R3-40-4] ☞④答○

□□□ 敷地内には、屋外に設ける避難階段及び避難階における屋外への出口から道又は公園、広場その他の空地に通ずる幅員が <u>1.2 m以上</u>の通路を設けなければならない。[H24-41-3] ☞⑤答✕

□□□ 延べ面積が 1,000㎡を超える<u>耐火建築物</u>は、防火上有効な構造の防火壁によって有効に区画し、かつ、各区画の床面積の合計をそれぞれ 1,000㎡以内としなければならない。[R01-21-1] ☞⑥答✕

必ず出る！基礎知識 目標 6分で覚えよう

1 建蔽率・容積率

①建蔽率とは、建築物の建築面積の敷地面積に対する割合をいう。

②容積率とは、建築物の延べ面積の敷地面積に対する割合をいう。

③昇降機の昇降路の部分、共同住宅の共用の廊下または階段の用に供する部分の床面積は、容積率に算入されない。

2 防火地域・準防火地域

④防火地域内では、地階を含む階数が3以上または延べ面積が100㎡を超える建築物は、耐火建築物等としなければならない。

⑤防火地域内にある看板・広告塔・装飾塔その他これらに類する工作物で、建築物の屋上に設けるものまたは高さ3mを超えるものは、その主要な部分を不燃材料で造り、または覆わなければならない。

⑥準防火地域内では、地階を除く階数が4以上または延べ面積が1,500㎡を超える建築物は、耐火建築物等としなければならない。

⑦防火地域または準防火地域内にある建築物で、外壁が耐火構造のものについては、その外壁を隣地境界線に接して設けることができる。

過去問＋予想問！ 目標 **4** 分で答えよう

7編

建築基準法(6)

❑❑❑ 建蔽率とは、建築物の建築面積（同一敷地内に2以上の建築物がある場合においては、その建築面積の合計）の敷地面積に対する割合をいう。[予想問]
☞①答○

❑❑❑ 容積率とは、建築物の延べ面積の敷地面積に対する割合をいう。[予想問] ☞②答○

❑❑❑ 共同住宅の共用の廊下または階段の用に供する部分の床面積は、3分の1を限度として容積率には算入しない。[予想問] ☞③答×

❑❑❑ 防火地域内にある階数が2で延べ面積が80㎡の住宅は、耐火建築物等としなければならない。[予想問]
☞④答×

❑❑❑ 防火地域内にある共同住宅の屋上に高さ2mの広告塔を設ける場合、その主要な部分を不燃材料で造り、又は覆わなければならない。[R4-21-3] ☞⑤答○

❑❑❑ 準防火地域内にあって、階数が3で延べ面積が500㎡の共同住宅は、耐火建築物等としなくてもよい。ただし、地階はないものとする。[予想問] ☞⑥答○

❑❑❑ 準防火地域内にある共同住宅で、外壁が耐火構造のものについては、その外壁を隣地境界線に接して設けることができる。[R3-21-1] ☞⑦答○

9 建築基準法(7)

1 建築確認

①都市計画区域・準都市計画区域で建築物の新築を行う場合は、建築確認が必要である。

②都市計画区域・準都市計画区域で増改築・移転を行う場合、床面積の合計が 10㎡を超えるときは、建築確認が必要である。

③大規模建築物に該当するのは、ⓐ木造の場合は、3 階以上・床面積 500㎡超・高さ 13 m超・軒高 9 m超のいずれかのとき、ⓑ木造以外の場合は、2 階以上・床面積 200㎡超のときのいずれかである。

④大規模建築物の新築・10㎡超の増改築・大規模修繕・大規模模様替を行う場合は、建築確認が必要である。

⑤特殊建築物であって、その床面積が 200㎡を超えるものにおける新築・10㎡超の増改築・大規模修繕・大規模模様替には、建築確認が必要である。大規模模様替とは、建築物の主要構造部の一種以上について行う過半の模様替をいう。

⑥建築物を、特殊建築物でその用途に供する部分の床面積の合計が 200㎡を超えるものに用途変更をする場合には、建築確認を受けなければならない

⑦防火地域または準防火地域内にある共同住宅等については、床面積の合計が 10㎡以内の増改築・移転をする場合でも、建築確認が必要である。

過去問＋予想問！　目標 **4** 分で答えよう

❏❏❏ 都市計画区域内（都道府県知事が関係市町村の意見を聴いて指定する区域を除く。）において、延べ面積が 10㎡の倉庫を新築する場合、建築確認を受けなければならない。[予想問]　　　☞①答○

❏❏❏ 木造３階建て、延べ面積が 300㎡の建築物の建築をしようとする場合は、建築確認を受ける必要がある。[予想問]　　　☞③答○

❏❏❏ 鉄筋コンクリート造平屋建て、延べ面積が 300㎡の建築物の建築をしようとする場合は、建築確認を受ける必要がある。[予想問]　　　☞③答○

❏❏❏ 共同住宅の用途に供する建築物で、その用途に供する部分の床面積の合計が 250㎡であるものの大規模の修繕をしようとする場合、当該工事に着手する前に建築確認を受けなければならない。[予想問]

☞⑤答○

❏❏❏ 各階の床面積がそれぞれ 250㎡の５階建ての共同住宅の１階部分の用途をカフェーに変更しようとするときは、建築確認を受けなければならない。[H22-20-4改]　　　☞⑥答○

❏❏❏ 防火地域又は準防火地域において共同住宅を改築しようとする場合、その改築に係る部分の床面積の合計が 10㎡以内であれば、建築確認を受ける必要はない。[R4-21-2]　　　☞⑦答×

1 義務と努力義務

①建築主等は、床面積の合計 2,000㎡以上の特別特定建築物（例老人ホーム・病院・映画館）の建築をしようとするときは、その特別特定建築物を、建築物移動等円滑化基準に適合させなければならない。

②建築主等は、特定建築物の建築をするときは、建築物移動等円滑化基準に適合させるために必要な措置を講ずるよう努めなければならない。

③建築主等は、特定建築物の建築物特定施設（例出入口・廊下・階段）の修繕または模様替をしようとするときは、建築物移動等円滑化基準に適合させるために必要な措置を講ずるよう努めなければならない。

2 特　　例

④バリアフリー法（高齢者、障害者等の移動等の円滑化の促進に関する法律）に基づく認定建築物であるマンションは、容積率の特例が認められている。

3 建築物移動等円滑化基準

⑤階段については、踊り場を除き、手すりを設ける。

⑥主たる階段は、原則として回り階段でないこととする。

⑦駐車場を設ける場合、そのうち1以上に、車いす使用者が円滑に利用することができる駐車施設を、1以上設けなければならない。

⑧エレベーターのかご・昇降路の出入口の幅は80cm以上とし、かごの奥行は135cm以上とする必要がある。

学習日	月 日	月 日	月 日	月 日
正答数	／5	／5	／5	／5

過去問＋予想問！ 目標 **4** 分で答えよう

❑❑❑ 「高齢者、障害者等の移動等の円滑化の促進に関する法律」では、廊下、階段等の建築物特定施設の修繕又は模様替をしようとするときは、建築物移動等円滑化基準に適合させるために必要な措置を講ずるよう努めなければならないと定められている。[H24-40-1]
☞②答○

❑❑❑ バリアフリー法に規定する特定建築物に該当するマンションでは、建築基準法に基づく建築確認が必要となる大規模の修繕を行う場合、建築物移動等円滑化基準に適合させなければならない。[H28-41-1]
☞③答×

❑❑❑ バリアフリー法に基づく認定建築物であるマンションは、容積率の特例が認められている。[H16-41-2]
☞④答○

❑❑❑ 建築物移動等円滑化基準では、主として高齢者、障害者等が利用する階段は、回り階段以外の階段を設ける空間を確保することが困難であるときを除き、主たる階段は回り階段でないこととしている。[予想問]
☞⑥答○

❑❑❑ 移動等円滑化経路を構成するエレベーター及びその乗降ロビーにおいて、かご及び昇降路の出入口の幅は80cm以上、かごの奥行きは135cm以上としなければならない。[予想問]
☞⑧答○

11 耐震改修促進法

1 所有者が講ずべき措置

①要安全確認計画記載建築物（例病院・官公署）は、一定の期限までに耐震診断を行い、その結果を所管行政庁に報告しなければならない。

②特定既存不適格建築物（多数の者が利用する建築物で一定以上の規模のもの等）の所有者は、その建築物について耐震診断を行い、その結果、地震に対する安全性の向上を図る必要があると認められるときは、耐震改修を行うように努めなければならない。

③要安全確認計画記載建築物及び特定既存耐震不適格建築物以外の既存耐震不適格建築物であるすべてのマンションの所有者は、その建築物について耐震診断を行い、必要に応じ、耐震改修を行うよう努めなければならない。

2 特　　例

④耐震改修計画の認定をもって、建築基準法の確認済証の交付があったものとみなされる。そのため、建築確認の申請を別途する必要はない。

⑤耐震改修の必要性に係る認定を受けたマンション（要耐震改修認定建築物）の耐震改修が共用部分の形状または効用の著しい変更を伴う場合でも、集会における普通決議（区分所有者及び議決権の各過半数）で耐震改修工事を行うことができる。

学習日	月 日	月 日	月 日	月 日
正答数	／4	／4	／4	／4

過去問＋予想問！ 目標 **4** 分で答えよう

7編
耐震改修促進法

❑❑❑ 要安全確認計画記載建築物は、一定の期限までに耐震診断を行い、耐震診断の結果を所管行政庁に報告しなければならない。［予想問］ ☞①答○

❑❑❑ 要安全確認計画記載建築物及び特定既存耐震不適格建築物以外の既存耐震不適格建築物であるすべてのマンションの所有者は、当該既存耐震不適格建築物について耐震診断を行い、必要に応じ、当該既存耐震不適格建築物について耐震改修を行うよう努めなければならない。［H26-42-1］ ☞③答○

❑❑❑ 建築物が耐震改修計画の認定をされても、認定を受けた後に、建築確認の申請を別途し、確認済証の交付を受けなければならない。［予想問］ ☞④答×

❑❑❑ 「耐震改修法」において、耐震改修の必要性に係る認定を受けたマンションにおいて、共用部分の形状又は効用の著しい変更を伴う耐震改修を行う場合は、区分所有者の3分の2以上の多数による集会の決議が必要である。［H26-42-4］ ☞⑤答×

第8編

免除科目

1 用語の定義

1 マンションとは

①2以上の区分所有者が存する建物で、人の居住の用に供する専有部分があるもの、並びにその敷地・附属施設（例 駐車場・ごみ集積所・集会所）は、マンションである。

②一団地内の土地または附属施設（これらに関する権利を含む）が当該団地内にある上記①の建物を含む数棟の建物の所有者（専有部分のある建物にあっては、区分所有者）の共有に属する土地及び附属施設は、マンションである。

2 用　語

③管理者等とは、管理組合の管理者または管理組合法人における理事のことをいう。

④管理事務とは、マンションの管理に関する事務であり、基幹事務の全てを含むものをいう。基幹事務の一部しか行わないものは、管理事務ではない。なお、「基幹事務」とは、管理組合の会計の収入及び支出の調定及び出納並びに専有部分を除くマンションの維持または修繕に関する企画または実施をいう。

⑤マンション管理業とは、管理組合から委託を受けて管理事務を行う行為で、業として行う（不特定多数を相手に反復継続して行う）ものをいう。営利目的を有するかどうかを問わない。

⑥管理組合がマンションを自主管理することは、管理業には該当しない。

学習日	月　日	月　日	月　日	月　日
正答数	／6	／6	／6	／6

❏❏❏ 全戸が事務所又は店舗の用に供されている建物であっても、非木造3階以上の建物はマンションである。[H27-46-1] ☞①答×

8編

用語の定義

❏❏❏ 複数の区分所有者が存する建物で人の居住の用に供する専有部分及び事務所・店舗の用に供する専有部分がある場合、それら全ての専有部分が賃貸されている場合であっても、その建物はマンションに該当する。[H24-46-4] ☞①答○

❏❏❏ 2以上の区分所有者がいる建物において、人の居住の用に供する専有部分のすべてを賃貸しているときであっても、その建物はマンションに該当する。[R2-47-4] ☞①答○

❏❏❏ 管理組合法人の理事は、管理者等に含まれない。[H21-46-2] ☞③答×

❏❏❏ 「管理事務」とは、マンションの管理に関する基幹事務（管理組合の会計の収入及び支出の調定及び出納並びにマンション（専有部分を除く）の維持又は修繕に関する企画又は実施の調整をいう）の一部を含むものをいう。[H26-47-2] ☞④答×

❏❏❏ 「マンション管理業」とは、管理組合から委託を受けて管理事務を行うものであり、マンションの区分所有者等が当該マンションについて行うものも含む。[H30-50-1] ☞⑥答×

1 マンション管理士

①マンション管理士でない者は、マンション管理士またはこれと紛らわしい名称を使用してはならない。この規制に違反した場合、30万円以下の罰金に処せられる。

②マンション管理士は、マンション管理士試験に合格し、一定の登録を受ければ、マンション管理士という名称を用いて、管理組合の管理者等の相談に応じ、助言・指導その他の援助を行うことができる。

③マンション管理士は、5年ごとに、国土交通大臣の登録を受けた者（登録講習機関）が行う講習を受けなければならない。これに違反すると、登録を取り消されたり、一定期間の名称使用停止を命じられたりすることがある。

④マンション管理士は、氏名・住所・本籍（日本の国籍を有しない者にあっては、その者の有する国籍）その他のマンション管理士登録簿の登載事項に変更があったときは、遅滞なく、その旨を国土交通大臣に届け出なければならない。

⑤国土交通大臣は、偽りその他不正の手段により、マンション管理士の登録を受けたときは、マンション管理士の登録を取り消さなければならない。

⑥マンション管理士は、マンション管理士の登録を取り消されたときは、その処分の通知日から10日以内に、マンション管理士登録証を国土交通大臣に返納しなければならない。

⑦マンション管理士の登録証の更新という制度はない。

学習日	月　日	月　日	月　日	月　日
正答数	／5	／5	／5	／5

過去問＋予想問！ 目標 **4** 分で答えよう

❏❏❏ マンション管理士は、3年ごとに、国土交通大臣の登録を受けた者が行う講習を受けなければならない。[R2-48- ア]　　　　☞③答×

8編

マンション管理士⑴

❏❏❏ マンション管理士は、5年ごとに、国土交通大臣の登録を受けた者が行う講習を受講しなければならない義務があり、受講しない場合は、マンション管理士の登録の取消し又は期間を定めたマンション管理士の名称の使用停止命令を受けることがある。[R4-46- ウ]　　　　☞③答○

❏❏❏ マンション管理士は、5年ごとに国土交通大臣の登録を受けた者が行う講習を受け、マンション管理士登録証の更新を受けなければならない。[H18-47-4]　　　　☞③⑦答×

❏❏❏ 偽りその他不正の手段により、マンション管理士の登録を受けたとき、国土交通大臣は、マンション管理士の登録を取り消さなければならない。[H26-48-4]　　　　☞⑤答○

❏❏❏ マンション管理士の登録を取り消された者は、その通知を受けた日から起算して10日以内に、登録証を国土交通大臣（指定登録機関が登録の実務に関する事務を行う場合は指定登録機関）に返納しなければならない。[R2-48- ウ]　　　　☞⑥答○

必ず出る！基礎知識　目標6分で覚えよう

1　マンション管理士登録

①破産者で復権を得ない者は、マンション管理士の登録拒否事由ではない。

②マンション管理適正化法違反で罰金の刑に処せられた者は、その執行を終わり、または執行を受けることがなくなった日から2年を経過したとき、マンション管理士の登録ができる。

③マンション管理士が、5年ごとに登録講習機関が行う講習を受講しなかったため登録を取り消された場合、その者は、その取消日から2年を経過しないと、登録を受けることができない。

④偽りその他不正の手段によりマンション管理業者の登録を受けたとしてその登録を取り消された者が法人である場合、取消しの日前30日以内にその法人の役員であったものは、取消日から2年を経過しなければ、マンション管理士の登録を受けることができない。この場合において、業務を執行する取締役は、上記「役員」に該当する。

⑤マンション管理士試験の合格者でも、偽りその他不正の手段により管理業務主任者の登録を受けたために登録を取り消された者は、取消日から2年を経過しなければ、マンション管理士の登録ができない。

学習日	月　日	月　日	月　日	月　日
正答数	／6	／6	／6	／6

過去問＋予想問！ 目標 **4** 分で答えよう

❏❏❏　破産者で復権を得ない者は、マンション管理士の<u>登録を受けることができない</u>。[H26-48-1]　☞①圏×

8編

マンション管理士(2)

❏❏❏　マンション管理士Aは、道路交通法に違反し、懲役の刑に処せられ、その刑の執行を猶予されたときは、マンション管理士の登録を取り消される。[H27-47-1]　☞②圏○

❏❏❏　マンション管理士が5年ごとに登録講習機関が行う講習を受講しなかったため登録を取り消された場合、その者はその取消しの日から2年を経過しないと登録を受けることができない。[H20-48-1]　☞③圏○

❏❏❏　マンション管理士は、<u>3年ごと</u>に、国土交通大臣又はその指定する者が行う講習を受けなければならないが、これに違反したときは、国土交通大臣はその登録を取り消すことができる。[H28-47-4]　☞③圏×

❏❏❏　マンション管理士の試験に合格した者であっても、偽りその他不正の手段により管理業務主任者の登録を受け、その登録を取り消された者は、当該取消しの日から2年を経過しなければ、マンション管理士の登録を受けることができない。[H22-46-3]　☞⑤圏○

❏❏❏　マンション管理士の登録を取り消された者は、取り消された日から<u>1年</u>を経過しなければ、その登録を受けることができない。[R2-48-エ]　☞⑤圏×

1 管理業務主任者

①管理業務主任者とは、管理業務主任者資格試験に合格し、国土交通大臣の登録を受け、管理業務主任者証の交付を受けた者をいう。

②管理業務主任者は、重要事項の説明・重要事項説明書への記名・契約成立時の書面への記名・管理事務の報告をすることができる。

③管理業務主任者試験に合格した者で、管理事務に関し2年以上の実務の経験を有する者または国土交通大臣がその実務の経験を有するものと同等以上の能力を有すると認めた者（登録実務講習修了者）は、国土交通大臣の登録を受けることができる。

2 登　録

④管理業務主任者登録簿への登録には、有効期間はない。

⑤管理業務主任者の登録を受けた者は、登録を受けた事項（氏名・本籍・住所・勤務先の管理会社の商号または名称・勤務先の管理会社の登録番号）に変更があったときは、遅滞なく、その旨を国土交通大臣に届け出なければならない。

学習日	月　日	月　日	月　日	月　日
正答数	／6	／6	／6	／6

過去問＋予想問！ **目標 4 分で答えよう**

❑❑❑ 管理業務主任者とは、マンション管理適正化法第60条第1項に規定する管理業務主任者証の交付を受けた者をいう。[H23-48-1] ☞①答○

❑❑❑ 管理業務主任者は、マンション管理業者が管理組合との間で管理受託契約を締結しようとするときに、マンションの区分所有者等及び管理組合の管理者等に対して重要事項の説明を行う。[H25-49-1] ☞②答○

❑❑❑ 管理業務主任者試験に合格した者で、管理事務に関し2年以上の実務経験を有するもの又は国土交通大臣がその実務経験を有するものと同等以上の能力を有すると認めたものでなければ、国土交通大臣の登録を受けることができない。[H16-48-1] ☞③答○

❑❑❑ 管理業務主任者試験に合格した者が国土交通大臣の登録を受けた場合、その登録の有効期間は5年である。[H16-48-3] ☞④答×

❑❑❑ 管理業務主任者の登録を受けた者は、氏名に変更があったときは、遅滞なく、その旨を都道府県知事に届け出なければならない。[予想問] ☞⑤答×

❑❑❑ 管理業務主任者の登録を受けた者は、住所に変更があったときは、30日以内に、その旨を国土交通大臣に届け出なければならない。[予想問] ☞⑤答×

8編 管理業務主任者(1)

必ず出る！基礎知識　目標 **6** 分で覚えよう

1 主任者証

①管理業務主任者証の有効期間は、5年である。

②管理業務主任者証の有効期間は、申請により更新する。更新後の有効期間も、5年となる。更新を受けようとする者は、交付の申請前6か月以内に行われる登録講習機関が行う講習を受講しなければならない。

③管理業務主任者は、氏名に変更があって変更の届出をする場合、管理業務主任者証を添えて提出し、その訂正を受けなければならない。

④管理業務主任者証には、住所・本籍・勤務先の管理業者は記載されていない。したがって、当該事項に変更がある場合でも、主任者証の訂正を受ける必要はない。

2 設置義務

⑤マンション管理業者は、その事務所ごとに、30管理組合につき1人以上（端数については1人と数える）の成年者である専任の管理業務主任者を置かなければならない。

⑥マンション管理業者が宅建業を兼業する場合でも、1人の従業者が、専任の管理業務主任者と専任の宅地建物取引士を兼務することはできない。

⑦人の居住の用に供する独立部分（専有部分）が5以下のマンション管理組合から委託を受けた管理事務をその業務とする事務所については、成年者である専任の管理業務主任者の設置義務はない。

学習日	月　日	月　日	月　日	月　日
正答数	／5	／5	／5	／5

過去問＋予想問! 目標 **4** 分で答えよう

8編

管理業務主任者⑵

❏❏❏　管理業務主任者証の有効期間は5年であるが、有効期間の更新を受けようとする場合、交付の申請の日前1年以内に行われる登録講習機関が行う講習を受けなければならない。[予想問]　　☞②答×

❏❏❏　管理業務主任者は、登録を受けている事項のうち、転職によりその業務に従事していたマンション管理業者に変更があったときは、遅滞なく、その旨を国土交通大臣に届け出なければならないが、この場合において、管理業務主任者証を添えて提出し、その訂正を受ける必要はない。[予想問]　　☞④答○

❏❏❏　管理業務主任者は、登録を受けている事項のうち、その住所に変更があった場合には、遅滞なく、その旨を国土交通大臣に届け出るとともに、管理業務主任者証を添えて提出し、その訂正を受けなければならない。[予想問]　　☞④答×

❏❏❏　マンション管理業者がその事務所ごとに置く専任の管理業務主任者については、管理事務の委託を受けた管理組合（人の居住の用に供する独立部分が6以上）の数が100であった場合、管理業務主任者を4名（すべて成年者）以上置かなければならない。[H27-48-1]　　☞⑤答○

❏❏❏　マンション管理業者の事務所において、専任の管理業務主任者となっている者は、専任の宅地建物取引士を兼務することができる。[予想問]　　☞⑥答×

マンション管理業者⑴

1 マンション管理業者登録制度

①マンション管理業を営もうとする者は、国土交通省に備えるマンション管理業者登録簿に登録を受けなければならない。

②マンション管理業者登録簿への登録の有効期間は、5年である。

③マンション管理業を行うために必要と認められる国土交通省令で定める基準に合う財産的基礎（基準資産額300万円以上）を有しない者は、登録を受けることができない。

④マンション管理業者の登録には、登録証がない。

⑤有効期間の満了後引き続きマンション管理業を営もうとする者は、更新の登録を受けなければならない。更新の登録を受けようとする者は、登録の有効期間満了の日の90日前から30日前までの間に、登録申請書を提出しなければならない。

2 欠格事由

⑥マンション管理業に関し成年者と同一の行為能力を有しない未成年者で、その法定代理人が禁錮以上の刑に処せられ、その執行を終わりまたは執行を受けることがなくなった日から2年を経過しないものは、管理業者の登録を受けることができない。

学習日	月 日	月 日	月 日	月 日
正答数	／4	／4	／4	／4

過去問＋予想問！ 目標 **4** 分で答えよう

❏❏❏ マンション管理業を営もうとする者は、国土交通省に備えるマンション管理業者登録簿に登録を受けなければならず、この登録の有効期間は<u>3年</u>である。[H28-48-3]　　☞①②图✕

❏❏❏ 国土交通大臣は、マンション管理業の登録申請者が、<u>500万円以上</u>の基準資産を有しない者であるときは、その登録を拒否しなければならない。[H26-49-1]　　☞③图✕

❏❏❏ マンション管理業の登録の有効期間の満了後引き続きマンション管理業を営もうとする者は、登録の有効期間満了の日の90日前から30日前までの間に登録申請書を提出しなければならない。[R2-50-ア]　　☞⑤图○

❏❏❏ マンション管理業に関し成年者と同一の行為能力を有しない未成年者で、その法定代理人が、禁錮以上の刑に処せられ、その執行を終わり、または執行を受けることがなくなった日から2年を経過しないものは、マンション管理業者の登録を受けることができない。[予想問]　　☞⑥图○

8編 マンション管理業者(1)

必ず出る！基礎知識 目標 6 分で覚えよう

1 業務に関する規制

①マンション管理業者は、その事務所ごとに、公衆の見やすい場所に、国土交通省令で定める標識を掲げなければならない。

②マンション管理業者は、管理組合から委託を受けた管理事務のうち、基幹事務については、一括して他人に委託してはならない。基幹事務であっても、一部の再委託であれば可能である。

③基幹事務ではない清掃業務・警備業務等は、一括で再委託することができる。

④マンション管理業者は、管理受託契約を締結したつど帳簿に一定事項を記載し、その事務所ごとに、その業務に関する帳簿を備えなければならない。

⑤マンション管理業者は、帳簿を各事業年度の末日をもって閉鎖するものとし、閉鎖後5年間、当該帳簿を保存しなければならない。

2 変更時の届出

⑥管理業者が法人である場合、事務所の名称・所在地・役員の氏名等に変更があったときは、その日から30日以内に、管理業者はその旨を国土交通大臣に届け出なければならない。

⑦管理業者は、事務所ごとに置かれる成年者である専任の管理業務主任者の氏名に変更があったときは、30日以内に、その旨を国土交通大臣に届け出なければならない。

学習日	月 日	月 日	月 日	月 日
正答数	/5	/5	/5	/5

過去問＋予想問！ 目標 4 分で答えよう

❏❏❏ マンション管理業者は、管理組合の同意があれば、管理組合から委託を受けた管理事務のうち基幹事務を<u>一括して他人に委託することができる。</u>[H25-50-2]
☞②答✕

❏❏❏ マンション管理業者Aは、管理組合Bから委託を受けた管理事務について、帳簿を作成し、その事務所に備え置いていたが、事務所に備え置いてから3年を経過したことから、当該帳簿を処分したことは、マンション管理適正化法の規定に違反する。[予想問]
☞⑤答〇

❏❏❏ マンション管理業者が法人である場合において、その役員の氏名に変更があったときは、その日から30日以内に、当該マンション管理業者は、その旨を国土交通大臣に届け出なければならない。[予想問]
☞⑥答〇

❏❏❏ マンション管理業者が、国土交通大臣に登録している事務所の所在地を変更したので、変更のあった日の21日後に、その旨を届け出たことは、マンション管理適正化法の規定に<u>違反する。</u>[予想問]
☞⑥答✕

❏❏❏ 管理業者は、事務所ごとに置かれる成年者である専任の管理業務主任者の氏名に変更があったときは、<u>遅滞なく、</u>その旨を国土交通大臣に届け出なければならない。[予想問]
☞⑦答✕

8編 マンション管理業者(2)

1 財産の分別管理

①収納口座とは、マンションの区分所有者等から徴収された修繕積立金等金銭または管理費用を預入れし、一時的に預貯金として管理するための口座をいう。収納口座については、管理業者も名義人となることができる。

②保管口座とは、マンションの区分所有者等から徴収された修繕積立金を預入れし、または修繕積立金等金銭もしくは管理費用の残額を収納口座から移し換え、これらを預貯金として管理するための口座であって、管理組合等を名義人とするものをいう。

③収納・保管口座とは、マンションの区分所有者等から徴収された修繕積立金等金銭を預入れし、預貯金として管理するための口座であって、管理組合等を名義人とするものをいう。

④収納口座については、管理業者が管理組合等の印鑑や預貯金の引出用のカード等を管理することができる。

⑤保管口座、収納・保管口座については、管理業者が管理組合等の印鑑や預貯金の引出用のカード等を管理することはできない。ただし、管理組合に管理者等が置かれていない場合において、管理者等が選任されるまでの比較的短い期間に限り保管することは、例外的に認められる。

学習日	月　日	月　日	月　日	月　日
正答数	／4	／4	／4	／4

過去問+
予想問！ 目標 **4** 分で答えよう

❏❏❏ 収納口座とは、マンションの区分所有者等から徴収
された修繕積立金等金銭またはマンション管理適正
化法施行規則第87条第1項に規定する財産を預入
し、一時的に預貯金として管理するための口座であ
って、マンション管理業者を名義人とすることもで
きるものをいう。[予想問]　　　　　　　☞①答○

❏❏❏ 収納・保管口座とは、マンションの区分所有者等か
ら徴収された修繕積立金等金銭を預入し、預貯金と
して管理するための口座であって、マンション管理
業者を名義人とするものをいう。[予想問]　☞③答×

❏❏❏ 収納口座については、管理業者が管理組合等の印鑑
や預貯金の引出用のカード等を管理することができ
る。[予想問]　　　　　　　　　　　　　☞④答○

❏❏❏ マンション管理業者Aは、管理組合Bに対する修繕
積立金等金銭の返還債務について保証契約を締結し
た上で、Bから修繕積立金等の管理を委託されてい
る。Aは、Bの管理者等が選任されるまでの比較的
短い期間、修繕積立金等金銭を管理するため、Bの
預貯金通帳と当該預貯金通帳に係る印鑑を同時に保
管したことは、マンション管理適正化法の規定に違
反する。[予想問]　　　　　　　　　　　☞⑤答×

8編

マンション管理業者(3)

9 マンション管理業者(4)

1 保証契約

①管理業者は、イ方式またはロ方式で修繕積立金等金銭を管理する場合、<u>1か月分</u>の修繕積立金等金銭または管理費用に充当する金銭の合計額以上の額につき、原則として、有効な<u>保証契約</u>を締結していなければならない。

2 会計書面の交付

②管理者等が置かれている場合、マンション管理業者は、毎月、管理事務の委託を受けた管理組合のその月（対象月）における会計の収入及び支出の状況に関する書面（5項書面）を作成し、<u>翌月末日</u>までに、その書面を当該管理組合の管理者等に交付しなければならない。

③管理者等が置かれていない場合、書面の交付に代えて、対象月の属する管理組合の事業年度の終了の日から<u>2か月</u>を経過する日までの間、その書面をその事務所ごとに備え置き、管理組合を構成するマンションの区分所有者等の求めに応じ、マンション管理業者の業務時間内において、これを<u>閲覧</u>させなければならない。

3 書類の閲覧

④マンション管理業者は、マンション管理業者の業務及び財産の状況を記載した書類を事業年度経過後<u>3か月</u>以内に作成して、遅滞なくその事務所ごとに備え置き、その日から起算して<u>3年</u>を経過する日までの間、その事務所の営業時間中、その業務に係る関係者の求めに応じ、これを<u>閲覧</u>させなければならない。

学習日	月　日	月　日	月　日	月　日
正答数	／3	／3	／3	／3

過去問＋
予想問！ **目標 4 分で答えよう**

□□□　マンション管理業者は、規則第87条第2項第1号イに定める方法により修繕積立金等金銭を管理する場合において、マンション管理業者から委託を受けた者がマンションの区分所有者等から修繕積立金等金銭を徴収するときは、マンションの区分所有者等から徴収される1か月分の修繕積立金等金銭の合計額以上の額につき、有効な保証契約を締結していなければならない。[予想問]　　　　　　　　☞①答○

□□□　管理者等が置かれている場合、書面の交付に代えて、対象月の属する管理組合の事業年度の終了の日から2か月を経過する日までの間、その書面をその事務所ごとに備え置き、管理組合を構成するマンションの区分所有者等の求めに応じ、マンション管理業者の業務時間内において、これを閲覧させなければならない。[予想問]　　　　　　　☞②③答×

□□□　マンション管理業者は、当該マンション管理業者の業務状況調書、貸借対照表及び損益計算書またはこれらに代わる書面をその事務所ごとに備え置き、その備え置かれた日から起算して3年を経過する日までの間、当該事務所の営業時間中、その業務に係る関係者の求めに応じ、これを閲覧させなければならない。[予想問]　　　　　　　　　　　☞④答○

8編

マンション管理業者(4)

必ず出る！基礎知識 目標 6 分で覚えよう

1 説明会

①管理業者が重要事項の説明会を開催するときは、説明会の1週間前までにマンションの区分所有者等及び管理組合の管理者等の全員に対し、重要事項説明書面を交付するとともに、説明会の日時及び場所について、見やすい場所に掲示しなければならない。

②管理業者は、新たに建設されたマンションの当該建設工事完了の日から1年を経過する日までの間に契約期間が満了する管理受託契約を締結しようとするときは、あらかじめ重要事項について説明する必要はない。

2 管理受託契約の更新

③従前と同一の条件で管理受託契約を更新する場合、管理組合に管理者等がいるときは、管理業者は、書面交付は必要だが、説明会の開催や重要事項説明は必要ない。なお、管理者等に対して説明することを要する。

④従前と同一の条件で管理受託契約を更新する場合、管理組合に管理者等がいないときは、管理業者は、書面交付は必要だが、説明会の開催や重要事項説明は必要ない。

⑤従前と内容を変更して管理受託契約を更新する場合、区分所有者等と管理者等に、説明会の1週間前までに書面を交付し、区分所有者等と管理者等に対して説明会を開催して説明することが必要である。

過去問＋予想問！ 目標 4 分で答えよう

❏❏❏ マンション管理業者は、重要事項の説明会を開催する場合、当該説明会の前日までに、マンションの区分所有者等及び当該管理組合の管理者等の全員に対し、重要事項並びに説明会の日時及び場所を記載した書面を交付しなければならない。[H28-49-ア]

☞①答×

❏❏❏ マンション管理業者は、管理者の置かれた管理組合と従前の管理受託契約と同一の条件で管理受託契約を更新しようとするときは、当該管理者に対し、管理業務主任者をして、重要事項について、これを記載した書面を交付して説明すれば足り、区分所有者等全員に対し、交付する必要はない。[予想問]

☞③答×

❏❏❏ 管理者等が置かれていない管理組合との管理受託契約を従前と同一の条件で更新するに当たって、マンション管理業者は、あらかじめ、マンションの区分所有者等全員に対し、重要事項を記載した書面を交付したが、説明会における管理業務主任者からの説明を行わなかったことは、マンション管理適正化法の規定に違反しない。[予想問]

☞④答○

8編

マンション管理業者⑸

1 重要事項説明

①管理業務主任者は、重要事項を記載した書面の説明をする場合、説明の相手方に対し、相手方から請求がなくても、管理業務主任者証を提示しなければならない。

②重要事項説明書に記名をすべきこととされている管理業務主任者とは、原則として、重要事項について十分に調査検討し、それらの事項が真実に合致し、誤り及び記載漏れがないかどうか等を確認した者であって、実際に当該重要事項説明書をもって重要事項説明を行う者である。専任である必要はない。

2 管理事務報告書

③管理業者は、管理事務の委託を受けた管理組合に管理者等が置かれていない場合、管理組合の事業年度終了後、遅滞なく、管理事務報告書を作成し、説明会を開催し、管理業務主任者に当該報告書を区分所有者等に交付させて説明させなければならない。

3 処　　分

④管理業者が、マンション管理業に関し、不正または著しく不当な行為をしたときは、国土交通大臣は、当該管理業者に対し、1年以内の期間を定めて、その業務の全部または一部の停止を命ずることができる。

⑤管理業者の登録が効力を失った場合でも、当該管理業者であった者は、管理業者の管理組合からの委託に係る管理事務を結了する目的の範囲内においては、なお管理業者とみなされる。

学習日	月　日	月　日	月　日	月　日
正答数	／4	／4	／4	／4

過去問＋
予想問！ 目標 **4** 分で答えよう

❏❏❏ 管理業務主任者が、マンション管理適正化法第72条第1項に基づく重要事項の説明をするときは、説明の相手方に対し、必ず管理業務主任者証を提示しなければならない。[R2-50-エ]　　☞①答○

❏❏❏ マンション管理業者Aは、管理者等が置かれている甲マンション管理組合及び管理者等が置かれていない乙マンション管理組合と管理受託契約を締結している。この場合、Aは、甲に管理事務に関する報告を行うときは、管理事務報告書を作成し、管理業務主任者をして、これを管理者等に交付して説明をさせなければならない。[H23-50-1]　　☞③答○

❏❏❏ マンション管理業者が、マンション管理業に関し、不正または著しく不当な行為をしたときは、国土交通大臣は、当該マンション管理業者に対し、<u>2年以内の期間を定めて</u>、その業務の全部または一部の停止を命ずることができる。[予想問]　　☞④答×

❏❏❏ マンション管理業者Aは、管理組合Bとの管理委託契約の有効期間中に、マンション管理業を廃止し、その旨を国土交通大臣に届け出たが、Bとの管理委託契約の期間が満了する日まで、当該管理委託に係る管理事務を結了する目的の範囲内における業務を行ったことは、マンション管理適正化法の規定に<u>違反する</u>。[予想問]　　☞⑤答×

8編

マンション管理業者(6)

●著者紹介●

友次　正浩（ともつぐ・まさひろ）

昭和53年3月31日、東京都中野区に生まれる。國學院大學文学部日本文学科卒業。同大学大学院文学研究科前期修了。大学受験予備校国語科講師となり、複数の大学受験予備校に登壇した。

宅地建物取引士試験に合格後、LEC東京リーガルマインドにて宅建講師となる。その後、管理業務主任者試験・マンション管理士試験にも合格。

現在は、宅建講師のほか、「ともつぐ塾」にて、管理業務主任者試験・マンション管理士試験対策の講座を開講している。また、ブログ・Twitter・YouTube などでも情報発信をしている。

ブログ☞ https://ameblo.jp/tomotsugu331

　本書において「過去問」として表示した問題は、編集部及び著者の責任において本試験問題を選択肢単位に分解し、○×問題として再構成したものです。また、問題ごとに表示した出題年度・問題番号は、本書掲載問題のベースとなった本試験問題のものを参考として記したものです。

装丁　やぶはな　あきお

ケータイマンション管理士 2024　　学習初日から試験当日まで

2024年3月29日　第1刷発行

著　者	友　　次　　正　　浩		
発行者	株式会社　三　省　堂		
	代表者　瀧本多加志		
印刷者	大日本法令印刷株式会社		
発行所	株式会社　三　省　堂		

〒102-8371　東京都千代田区麹町五丁目7番地2
電　話　(03) 3230-9411
https://www.sanseido.co.jp/
<24 ケータイマンション管理士・256pp.>

© M. Tomotsugu 2024　　　　　　　　　　Printed in Japan

落丁本・乱丁本はお取り替えいたします。

本書の内容に関するお問い合わせは、弊社ホームページの「お問い合わせ」フォーム（https://www.sanseido.co.jp/support/）にて承ります。

ISBN978-4-385-32547-7

　本書を無断で複写複製することは、著作権法上の例外を除き、禁じられています。また、本書を請負業者等の第三者に依頼してスキャン等によってデジタル化することは、たとえ個人や家庭内での利用であっても一切認められておりません。